数字化背景下
高校教育管理模式创新研究

季彩宏 ◎著

东南大学出版社
SOUTHEAST UNIVERSITY PRESS
·南京·

图书在版编目（CIP）数据

数字化背景下高校教育管理模式创新研究 / 季彩宏著. -- 南京：东南大学出版社，2024.12. -- ISBN 978-7-5766-1585-2

Ⅰ.G640

中国国家版本馆 CIP 数据核字第 20244W6A44 号

责任编辑：陈　淑　责任校对：张万莹　封面设计：余武莉　责任印制：周荣虎

数字化背景下高校教育管理模式创新研究
Shuzihua Beijing Xia Gaoxiao Jiaoyu Guanli Moshi Chuangxin Yanjiu

著　　者	季彩宏
出版发行	东南大学出版社
社　　址	南京市四牌楼 2 号
出 版 人	白云飞
电子邮件	press@seupress.com
经　　销	全国各地新华书店
印　　刷	广东虎彩云印刷有限公司
开　　本	700mm×1000mm　1/16
印　　张	11.25
字　　数	195 千字
版　　次	2024 年 12 月第 1 版
印　　次	2024 年 12 月第 1 次印刷
书　　号	ISBN 978-7-5766-1585-2
定　　价	65.00 元

本社图书若有印装质量问题，请直接与营销部调换。电话（传真）：025-83791830

前　言

随着我国社会的飞速发展，高等教育事业迎来了蓬勃发展的时期。各所高校借助数字化发展趋势，不断探索教育改革和发展的新路径，学校的各项管理逐步实现数字化管理。数字化时代，科技赋能教育，能够构建虚实结合的教育管理场域，营造个性化的教学管理空间，打造高度智能的人机交互场景，促进教育方式和教育形态变革，给学校教育管理带来全新的成长空间。利用现代信息技术实现数据化、具象化、个性化、实时化，能推动教育管理向科学化、智慧化、智能化发展。自中国共产党第十九次全国代表大会以来，科教兴国、人才强国战略深入推进，高校招生数量迅速增加、办学规模迅速扩大，教育体制改革开始全面向素质教育转型。同时，各高校的教学资源、教育管理技术手段已不能适应现代高校发展的需要，因此教育管理由传统模式向数字化转型成为高校的迫切需求。

从现实要求来看，数字化时代的高校教育者、教育对象、教育环境、教育观念等要素不断发生变化，这些教育要素的变革要求教育管理必须革新以适应主体多元、对象丰富、环境变化、观念变革的需要，这也成为高校教育管理模式创新的现实要求；从价值意义上来看，数字化时代有助于推动教育管理模式的现代转化；从实践意义上来看，数字化时代既有利于提升教育效能，又有助于更好实现立德树人的目标；从机遇分析上来说，数字化时代研究和实践的新空间、数字化技术的新手段、管理建设的新领域为教育管理提供现实机遇与挑战。

数字化时代，万物重构，人们不仅可以设计、编辑、运行、体验和把握超现实世界，甚至能够关联、干预、创造和操控人类所生存的物理世界。当前，新一轮信息技术革命的发展正如火如荼地进行着，关于数字化时代及其价值的相关研究也越来越多，我们要正视时代发展、认清现实变革，积极端正心态、主动拥抱融入，既不能充耳不闻、视而不见，也不能盲目追求、过分依赖。数字技术是推动时代发展的引擎，技术本身价值无涉，关键是如何合理有效利用技术，这是我们正确认清数字技术及其价值意义的根本前提。本书正是基于对数字化时代的清醒认知，关注数字化时代来临给教育管理模式带来新的思维方式、认知方法和实践方式的全方位创新，力图实现科技发展与技术育人的协同推进。但与此同时，本书并不是对传统方法论的否定和推翻，而是基于传统方法论的继承和超越，是立足时代发展的研究创新。

  本书首先基于数字化时代的背景，阐述数字化时代的概念及其技术特征，认清数字化时代的国内外研究现状、特点与表征，随后回应研究主题，界定相关概念；其次，对高校数字化背景下的教学管理、学生管理、部门管理、党建管理等进行阐述；最后，对在数字化背景下高校教育管理模式创新改革进行了详细的研究，以期提高高校教育的精准度，丰富高校教育管理资源。

目　录

第一章　数字化校园的内涵与外延 …… 001
- 第一节　数字化校园概述 …… 002
- 第二节　数字化校园的发展历程 …… 005
- 第三节　数字化校园建设的意义 …… 009
- 第四节　数字化校园建设的技术支持 …… 011

第二章　数字化在教学管理中的应用 …… 015
- 第一节　高校教学管理数字化的发展趋势 …… 016
- 第二节　构建教学管理数字化新模式 …… 028
- 第三节　高校教学管理机制构建的路径 …… 036
- 第四节　高校教学管理数字化的延伸发展 …… 042

第三章　数字化在学生管理中的应用 …… 051
- 第一节　大学生管理的内涵与价值 …… 052
- 第二节　大学生管理的过程与方法 …… 065
- 第三节　大学生管理中数字化创新应用 …… 083

第四章　数字化在高校部门业务服务中的应用 …… 091
- 第一节　数字化趋势下高校服务部门管理理念创新 …… 092
- 第二节　数字化趋势下高校教育管理方法 …… 095
- 第三节　数字化在高校管理部门中的应用 …… 105

第五章　数字化在高校党建管理中的应用 …… 117
- 第一节　高校党建管理 …… 118

第二节 高校党建管理队伍建设 ··· 126
第三节 数字化背景下高校党建模式创新 ···································· 132
第四节 数字党建管理体系构建 ·· 142

第六章 数字化时代高校教育管理模式改革 ·································· 147
第一节 数字化时代高校教育管理模式改革的目标 ······················· 148
第二节 数字化时代高校教育管理模式改革的理念 ······················· 154
第三节 数字化时代高校教育管理模式改革的途径 ······················· 161

参考文献 ··· 169

第一章
数字化校园的内涵与外延

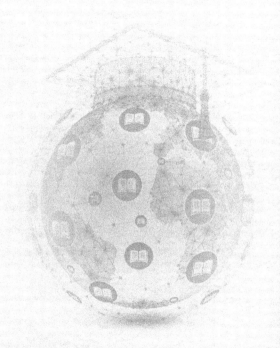

第一节　数字化校园概述

在全球化和信息化的时代背景下，全域数字化转型已成为新时代教育改革的趋势，通过优化数字基础设施与构建数据要素赋能体系，为教育数字化转型奠定坚实基石，从而促进数字技术与学校教育管理深度整合，构建起一个全方位、多层次的数字化生态系统。数字化校园的崛起需投入大量的人力、财力、物力以促进教育数字化、信息化的建设。最早提出高校信息化这一概念的是美国克莱蒙特大学的教授凯尼斯·格林，而在1993年，美国政府正式确立了高校信息化的概念，由此对世界的教育产生了巨大的影响。

现代数字化校园一般依托网络信息和先进的通信技术，实现校园基础设施信息化管理、教学资源信息化管理和教学活动信息化管理，以提升校园各项管理效率和工作效果，拓展校园功能，最终实现全面信息化管理。简而言之，就是在传统校园的基础上建立一个虚拟的数字化空间。数字化校园概念一般分为狭义和广义两个方面，狭义上的数字化校园是由信息管理系统组合而成，如学生管理系统、图书管理系统、教务管理系统、人事管理系统、财务管理系统等。这一观点虽强调了信息技术在不同部门管理中的应用，却忽视了其在整体管理规划与协同中的作用，缺乏各管理系统之间的整合与融通，显然这种数字化的校园形式是比较简单的。广义上的数字化校园是指利用先进的信息技术，对学校各方面的信息资源进行数字化管理，如教学、学生管理、科研和日常生活等。统一规范地处理这些内容，用科学的管理手段，把这些内容进行整合、集成，创造一个统一的虚拟数字环境。[①]

一、数字化校园概念

数字化校园是什么？到目前为止，还没有一个准确的说法。最早的数字化校园概念出现在一个大型科研项目"信息化校园计划"中，该科研项目由美国克莱

---

① 薛辰兵. 高校数字化校园系统构建研究［D］. 成都：电子科技大学，2013.

蒙特大学教授凯尼斯·格林于1990年发起并主持。1998年1月31日，美国前副总统阿尔·戈尔在加州科学中心作题为"数字地球：认识地球的21世纪之路"的演讲时，首次提出了"数字地球"这一概念，此后开始被全球普遍接受，并衍生出"数字城市""数字校园"等多种概念。所谓数字化校园，就是把网络化、数字化、智能化有机结合起来的新型教育、学习、研究的校园平台。网络化是数字化校园的核心支撑技术，是实现这些系统之间的信息交换和信息服务的技术支撑，包括行政管理、信息管理、教学服务、研究开发等各种系统。①

智能化应用可促进数字化资源利用效率的提高，创造智能化的教学体系与环境，把网络化、数字化、智能化三者有机地结合起来，这就是信息化（Informatization）。可以以信息化为基础将数字化校园界定为以培养善于获取、加工、处理、利用信息与知识的学生为主要目标，以校园是整个社会知识、信息的基本创新与传播中心为主要社会效应，以高度发达的计算机网络为核心技术支撑，以充分共享信息与知识资源为手段的校园平台。将信息内容数字化，以数字化的格式录入、存储和传播文字、声音、图像、动画等实物信息，并通过现代信息技术实现数字化处理，使信息传播速度和覆盖面得到显著提高和扩大，同时也使信息资源共享的有效性得到加强。

二、数字化校园的内涵

1. 数字化校园是以现代信息技术为基础的，如计算机技术、网络通信技术和多媒体技术。网络化、数字化、智能化、多媒体化是技术层面教育信息化的基本特征，所以作为高等教育信息化的具体表现形式，数字化校园对信息技术上的依存度会比较突出。校园数字化建设需要确保计算机网络线路安全可靠和便捷的综合布线技术；还需要规划实施计算机综合管理系统，借助成熟的计算机网络技术对网络应用环境进行升级改造；为全校师生提供所需的信息服务，使用完善的校园网络管理软件、办公自动化软件、网络教学软件，以及网络服务终端。整个数字化校园是以网络和网络技术为基础，覆盖全校管理机构和教学机构的大型网络系统。②

2. 数字化校园革新教学、科研、管理、服务方式，显著提高效率，是传统

---

① 陈丽. 数字化校园与E-Learning [M]. 北京：北京师范大学出版社，2007：24-25.
② 赵国栋. 数字化校园：理想与现实 [J]. 北京大学教育评论，2007（1）：190.

大学无法比拟的。尽管在美国等教育发达国家已经开始出现"虚拟大学"或"虚拟校园"这种存在于计算机服务器中的现代远程教育模式，但数字化校园并非仅仅指在网络环境下完全"虚拟化"的大学，我们所说的数字化校园是架构在传统大学校园的基础上，在传统校园中提高教学、管理、科研和服务效率的校园。因此从这个角度来说，数字化校园的"化"就代表了传统校园环境中计算机信息处理技术的使用程度和普及程度，其中就包含了"过程"与"程度"的含义。

3. 数字化校园是大学传统教育模式的突破，是管理体系的突破，是组织架构的突破，是业务流程的突破。教育信息化是以现代信息技术为基础的新的教育体系，包括一系列变革过程，包括教育理念、教育环境、教育技术、教育组织、教育内容、教育模式、教育评价等。数字化校园是以现代信息技术为基础，依托计算机技术、多媒体技术、网络技术等为传统校园的教学和管理带来许多"看得见"的变化，如管理方式的信息化、信息资源的数字化、交流方式的网络化等，但更重要的是数字信息技术的应用所带来的高等教育模式的革新。因此，在数字化校园中，数字化技术将在各个领域全面融合，包括学校的教学、管理、科研、公共服务，以及学生的生活服务等，一切工作都将围绕创新的人才培养模式和环境来展开。它的核心意义是建立一种全新的高等教育教学模式，符合现代数字化社会的需求。

4. 数字化校园的建设目的是应用于学生教育教学，包括支持有效的课程实践。数字化校园建设和应用的最终目的是创建适应"学习型社会"的创新型大学。加拿大学者康纳德指出："学习型社会有两层意义，一是强调一个日益依赖知识的社会；二是指学习的普遍性。"这种普遍性包含了两个方面的含义，一是学习在空间范围的扩展，学习者可能是工程师，公司的职员，也可能是家庭妇女或退休的老人，世界各地区、社会各阶层、各年龄的人都有可能成为大学教育的受益者；二是学习在时间序列上的延续，继续教育、终身教育会成为每个社会成员在信息化社会生存和发展的必需。[1]

---

[1] 周晓东. 高职院校数字化校园体系的构建研究 [D]. 南京林业大学，2012.

第二节　数字化校园的发展历程

一、数字化校园研究背景

在信息化浪潮席卷全球及全域数字化转型渗透到社会各个生活领域的今天，数字化校园建设如火如荼。欧美、日本等发达国家高度重视信息化建设，早在20世纪90年代初，几乎所有的高校都已经建成了比较完善的校园网，各个职能部门也都基本实现了网络化、信息化管理。美国是世界上最早对数字化校园进行研究和实践的国家之一，从1994年一直持续到现在，美国每年都会出版一本关于对信息化建设研究与发展见解的"蓝皮书"。1995年美国出版的蓝皮书更提出了要把数字化教育和数字图书馆作为重点研究项目。与此同时，世界上很多知名企业也深入启动研究数字化校园解决方案。例如，斯坦福大学、WGBH公司和SUN三家公司开发的校园智能型数字化解决方案，康奈尔大学图书馆和SUN公司共同合作开发的信息存档系统数字化等。以信息化校园工程为核心的数字化建设，已成为建设高质量现代化高校的第一要务。但是，信息资源越来越多，需求也随着高校信息化的不断推进而更加复杂。因缺乏统一管理、应需而建的信息化建设模式越来越无法适应大学不断发展的需要，因而建设统一规划、统一管理的高校数字化校园体系刻不容缓。目前，国内高校信息化建设水平良莠不齐，不少高校网络部门处于自主研发、自主采购阶段，在总体上缺乏统一的方案。过去，学校分别应用不同的数据库系统和开发技术，从而缺乏统一的信息化建设规划和设计，致使各子系统之间缺乏共享；在数据库建设过程中，信息标准的采用不统一，导致各个业务系统中存在大量重复的信息，造成数据冗而复杂不能保证数据的唯一性，信息共享也就随之难以实现。随着信息化需求在学校日常教学、管理和科研工作中的不断增加，传统的信息化建设模式已经不能满足学校高质量发展的要求，因此全面实施统一规划和数字校园建设迫在眉睫。[①]

---

① 周晓东. 高职院校数字化校园体系的构建研究[D]. 南京林业大学，2012.

二、国外数字化校园建设的状况

美国作为世界上第一个研制出计算机的国家,也是全面实行教育信息化最早的国家,率先实现了计算机辅助教学。20世纪60年代,在很多国家尚不知计算机为何物的时候,美国的教育信息化进程就拉开了序幕。美国克莱蒙特大学的凯尼斯·格林教授1990年首次提出了"Campus Computing"的概念,并于同年开始启动美国高校信息化的研究项目"Campus Computing Project(CCP)"。该项目是迄今为止有关高校信息化研究的最具代表性的全球性课题。1993年9月,美国克林顿政府以建设信息综合服务体系为核心目标,正式提出了国家"信息高速公路"计划,积极促进信息技术广泛应用于社会各领域。到1996年,美国高等院校在教学、科研和管理等方面的工作得到了普遍的信息技术支持。同年10月,美国总统克林顿宣布,为改善其计算机网络设施,将在未来5年内向十所大学和国家实验室等机构拨款5亿美元。21世纪以后,美国的学校几乎都与互联网接轨,许多大学也实现了无线网络覆盖。CCP的研究数据显示,截至2005年秋季,全美已有28.9%的高校实现了校园无线网络覆盖,与2000年的3.8%相比增长了6倍多。此外,截至2007年秋季,全美能够提供无线网络的高校已达60.1%。除此之外,美国高校制定无线网络发展战略的数量也在持续增加,超过3/4的高校已制定此类战略,在美国的很多大学里,老师和学生们都实现了"随时在线,移动学习"的梦想。CCP的调查数据显示,截至2006年底,尽管在技术和数据标准等方面存在一些障碍,但是使用"校园门户"技术的比例从2002年的21.2%上升至46.6%。此外,越来越多的高校师生享受到了信息化带来的便捷,这得益于校园网的生活保障系统。CCP的统计数据显示,在校园网站上可以处理信用卡在线交易的美国高校比例从2002年的40.5%上升到2006年的80%;2002年,实现网上课程报名功能的高校比例从70.9%上升至91.6%。这些数据充分说明美国高等教育在信息化方面的显著进步。在欧洲国家中,IT教育在英国起步较早,发展至今,教育水平已上了一个台阶。"全民学习网"是由英国政府提供的一种在线教育方式,同时也是各大信息高速公路(Information Highway)的教育通道。英国"全民学习网"经过多年的发展,已经将网络延伸到了英国的各个家庭、街道、社区、医院、工作场所、社会服务机构,以及大众传媒传播系统等各个领域,能满足学校教育、家庭教育、职业教育、终身教育、社会经济发展等各方面的需要。目前,英国"全民学习网"凭借其强大的搜索功能,已成长为欧洲最具规模的教育门户。从技术层面来看,在信息化基础设施建设方面起点较高的国外发达国家中,数字化校园建设已经迈上了一个新的台阶。网络的硬件平台与"Internet2""IPv6"技术时代几乎接近,学校综合应用管理系统建设、数字化资源库等已与社区服务融为一体。师生可以通过数字化校园实现学习、考核的全部过程,虚拟现实技术、多媒体交互技术在国外高校教学中被广泛应用。[①]

三、国内数字化校园建设的状况

我国教育信息化建设起步相对较晚,但在信息化迅猛发展的同时,我国教育信息化的进步也非常快。2007年,国家教育部制定的《国家教育事业发展"十一五"规划纲要》将教育信息化建设列入国家"十一五"期间规划重点工程。我国数字化校园建设首先立足于计算机网络建设,先后开展了大型校园网络工程建设,如"985""211"工程、"面向21世纪教育振兴行动计划""西部大学校园计算机网络建设工程"等,并建立了数字化校园系统,满足了各类校园需求,使国家的教育信息化建设突飞猛进。我国部分重点大学从2000年起就开始建设数字化校园。其中,清华大学是最早起步且最有成就的大学,它的很多成功经验都被其他大学采纳。在师范类院校中,华东师范大学于2002年提交了整体建设方案,该方案的制定及实施均取得显著成效,同时它也是最早开始制定校园信息化建设总体规划并实施的高校。目前,校园一卡通系统、信息管理系统、网络教学系统及基于公共数据库平台的网上办公系统等多个应用已建立。全国教育信息化建设数据显示,到2003年,全国高校实现校园管理自动化和校内网络化教学的高校已经达到300多所;到2005年,所有的大学、高中以及一些初、小学已基本实现了与国际互联网的贯通连接。目前,不少高校为适应教育信息化建设的不断发展和进步需要,借鉴国内外高校信息化建设过程中的经验教训,制定了面向高校教学、管理、科研等各类工作方案,以计算机和网络通信技术为手段,实现综合性的数字化校园方案。[②]

教育部发布的《国家信息化教育发展报告》指出,教育行业信息化建设的重点在今后几年内仍将以各类高等院校为主。有关资料显示,截至2002年,全国

---

① 赵国栋. 数字化校园:理想与现实 [J]. 北京大学教育评论, 2007 (1): 190.
② 蒋家添, 席素珍. 数字化校园建设的实践与探讨 [J]. 赣南师范学院学报, 2004, 25 (6): 55-56.

全日制普通高等院校共有 1 396 所，已建立完备校园网络的高校占 75%，数字校园建设目标已在 30% 的高校中制定。2005 年，中国在校园网络升级、多媒体网络和教育信息化应用系统三项重点工程建设中，累计投入资金 272.6 亿元。教育信息化应用系统建设中应用最普遍的系统包括教务管理系统、多媒体网络教学系统、一卡通管理系统、图书管理系统、财务管理系统等重点系统，将教学数据进行集中统一管理已经成为教育信息化中的发展趋势。2006 年中国教育行业投资 304.8 亿元用于 IT 技术的建设，投资额比上年增长了 11.8%，2007 年投资额达 336.7 亿元，增长率为 10.5%。[①]

我国高校大规模的信息化建设始于 20 世纪 90 年代，虽然起步较晚，但是发展速度相当快。在 2010 年中国教育及科研计算机应用与网络研讨大会上教育部科学技术与信息化司提供的统计数据表明，目前，我国所有高校、高中阶段学校和部分初中、小学均能连接国际互联网，全国高校普遍建立了与中国教育和科研计算机网连接的校园网，全国高校人均生机比达 16∶1，63% 的高校采用了多媒体教学，53.7% 的高校建有网络教学或在线学习平台。当前，国内大多数高校对数字信息化的发展趋势都很看好，部分条件优越的大学在汲取国内外校园网建设成功经验的基础上，制定了与高校的教学、管理、科研和校园生活服务有关的数字化校园方案。尽管数字化校园在国内的建设发展速度较快，但是，数字化校园建设的应用领域还存在很多问题需要我们去探索与研究，例如，对校园原有数字系统资源的整合问题、数字化建设中的校际资源合作问题等。

---

① 苏顺开. 数字化校园的创建理念 [J]. 中山大学学报（自然科学版），2002，41：4-6.

第三节 数字化校园建设的意义

一、数字化校园与传统校园的比较分析

数字化校园是将学校所有的信息资源,如教学、科研、管理和生活服务等,利用计算机技术和网络通信技术,进行科学、规范的整合和集成,构成统一的用户管理、统一的资源管理、统一的权限控制,最终实现教育信息化、决策科学化和管理规范化;同时,通过组织机构的再建设、业务流程的再建设,推动学校体制创新和管理创新。高度信息化的高素质人才培养环境,是由数字化的信息管理方式和传播方式形成的,与传统校园相比数字化校园有以下几个方面的特点:

1. 课堂概念的扩展:现在的课堂已经不再局限于传统定义中的实体课堂,而是指网络、资讯、虚拟空间中网络学习者集体学习的环境,其表现为空间的开放性。

2. 时间自由:学习者不受学制、年龄、身份等限制,根据个人需要自由安排学习时间,由此体现终身受教育的学习思想。

3. 扩大了受教育者的范围:不仅限于学校在籍学生,而且可以将教学资源向全社会开放,为实现全面普及教育的社会公民提供接受教育的机会。

4. 教学方式和内容的拓展:不再以老师传授知识为主,而是围绕学生的自主、互动和个性化学习展开教学模式和内容的拓展。教师的观念得到了拓展,教学内容也不再局限于传统的书本知识,而是体现了学习的自主性和丰富多样的教学内容,覆盖了整个信息空间。

5. 教育思想与管理体制的变化:打破以往教学管理与评价的教条做法,适应数字化教学的要求,体现建构主义的数字化教育理念,改革传统的人才观、知识观。

二、数字化校园建设的意义

数字化校园面向校园和社会,实现各种信息传递,在校园、社会和家庭之间

形成有利于教学广度和深度提高的全方位教育平台综合管理系统。数字化校园建设，是学校现代化建设的基础，也是学校信息化建设的主要工作内容。实现数字化校园能够将校园内的所有信息整合起来，实现统一管理，进而能够将各种数据提供给教师和学生，也能够支持社会化的多媒体网络教学活动。实现数字化校园还能让学校的管理工作实现一种全新的模式，也让学校的日常生活实现一种全新的模式。大学开展数字化校园的建设与应用，对于高等教育实现现代化、跨越式发展，主要体现在以下几个方面：

1. 数字化校园建设和应用是大学适应信息时代挑战的必然选择

在数字化时代，工作中最关键的基础是以计算机为核心的现代信息技术。这意味着从业人员在互联网环境下需要具备适应社会沟通方式和规范的高水平信息技术能力。大学要建立数字化环境，让学生在数字化校园中学习和参与社会活动，以适应数字化社会的发展，培养高水平的数字化素养，以培养适应数字化时代的优秀人才。

2. 数字化校园建设是大学提高办学水平的有效途径

数字化教育既为大学实现跨越式发展提供关键路径，也为大学的发展拓展了全新的空间；同时，数字化教育不仅促进了高等教育大众化、建设了学习型社会，还构建了终身教育体系。从管理者的角度来看，数字化校园推动了教育信息化，进而推动了教育的现代化建设，这一点在我国高校中的地位正在不断提升；同时，教育信息化还引领着教育思维的变革、教育理念的变革、教育模式的变革。数字化校园建设为促进学校现代化教学水平、提高办学效益，拓展了学校的空间和时间范围，促进了教学质效的提高。在数字化校园建设中，引进了先进的教育和管理理念，通过技术手段，提高学校的决策水平、管理水平和学生成长质量，进而从整体上提高了学校的办学水平。

3. 数字化校园是优化和改善大学管理，提高管理水平的重要途径

数字化校园将大学内部各种相对独立、分散的系统整合在一起，消除大学信息化孤岛问题，有效实现数据共享，消除学校各种业务流程的复杂化，提高工作效率，减少以往一些因工作随意性大、流程不容易标准化等现象而导致的数据重复管理、数据冗余、数据不同步等问题。

4. 建设数字化校园将促进大学服务社会

在数字化校园的大背景下，突破校园限制，形成覆盖多所高校、广泛互联互通的"数字大学"，以及通过互联网实现资源共享的学校越来越多。大学可以在

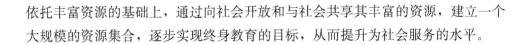

依托丰富资源的基础上,通过向社会开放和与社会共享其丰富的资源,建立一个大规模的资源集合,逐步实现终身教育的目标,从而提升为社会服务的水平。

第四节　数字化校园建设的技术支持

一、数字化校园建设应用技术

分层建设数字化校园,涉及的不仅仅是网络技术、数据库技术、数据挖掘技术等方面的技术支持,也包含了新一代信息技术的应用,如网格计算、虚拟现实技术、增强现实技术、数据挖掘、第三代移动通信技术、人工智能等。这些技术的快速发展,为加速推进数字化校园建设提供了资源共享和融合应用的空间。

1. 网络技术

高校信息网络化是高等教育现代化的必然趋势。随着网络化的进一步推进,建立数字化校园要依靠网络,如果没有校园网络就不能实现数字化校园。校园网络是将校园内外分散位置的计算机通过通信线路和通信设备连接起来,在网络操作系统和网络软件的管理下,实现资源共享的计算机系统。其主要的基本拓扑包括星型、总线型、环型和网状等四种拓扑结构,并衍生出多种混合型态。其通信方式包括以双绞线、同轴电缆、光纤、无线电波等为传输介质的有线和无线两种通信方式。通信设备主要有 HUB、Switch、路由器、网卡、卫星。利用 IP 地址作为编址方式的校园网,所采用的编址标准正处于从 IPv4 向 IPv6 过渡阶段,网络中通过子网掩码进行子网划分,并形成相对独立的管理区域。网络服务器在校园网络中扮演的是资源的共享者角色,而客户端则扮演的是资源的使用者角色。利用加密、解密、网络嗅探、网络扫描、入侵检测、授权认证和防火墙等技术,定期或不定期地对网络资源进行镜像备份,以确保网络资源的安全性。这些服务技术包括 Web Server 技术、Email Server 技术、文件传输服务器技术、域名解析服务器技术、流媒体服务器技术,以及 MSS、MTP 和 NNTP Server 技术、DNS Server 技术、DHCP Server 技术、WINS Server 技术和远程接入服务技术等。作为以网络为基础的服务体系的广阔信息平台,服务器技术在其中的运用必不可少。

2. 数据库技术

数据库承担着数字化校园的核心职责。数据库已成为计算机科学技术中发展速度最快、应用范围最广、数据库技术研究取得重大突破的重要分支之一。随着计算机应用领域的不断扩大和多媒体技术的发展，在数字化校园信息化系统、计算机应用系统等方面，数据库已成为学校管理必不可少的重要组成部分。数据库系统自20世纪60年代末开始发展到第二代的关系数据库系统，经历了第一代的层次数据库和网状数据库，现如今数据库系统已经发展到第三代，其主要特征是面向对象的模型。在二十世纪七八十年代，关系数据库的理论和技术有了很大的进步，因其应用范围广泛、成效显著，关系数据库开始成为20世纪80年代的主流应用。最新的数据库管理系统（DBMS）产品几乎全部采用关系型架构，它在计算机数据管理历史进程中具有重要的里程碑意义。这类数据库的特点是结构化数据，冗余度低，程序和数据之间具有很高的独立性，易于扩展与编程应用。不过，虽然在模型和技术上，层次数据库、网状数据库和关系数据库有所不同，但它们的主要目的是提供数据管理支持，用于商业和事务处理的应用领域。数据库技术与网络通信技术、人工智能技术、面向对象程序设计技术、并行计算技术等技术的相互融合和交叉，已经形成了当前数据库技术发展的主要特征，这是随着用户应用需求的增强、硬件技术的进步以及因特网/局域网提供的丰富多样的多媒体通信方式而产生的。现已开发了新的数据库技术，如面向对象的数据库系统、多媒体数据库系统、知识数据库系统、并行数据库系统、模糊数据库系统等。

3. 数据挖掘技术

数据挖掘技术最早源于知识发现，指利用统计学、人工智能、机器学习和数据库技术，探索各种信息库中存储的数据，挖掘有价值的关系或知识的技术。数据挖掘技术所获得的信息作为当前国际数据库和信息决策领域的顶尖研究方向之一，具有三个特点：未知、有效、实用。数据挖掘技术的目标是发现那些不能靠直觉发现的信息或知识，甚至是违背直觉的信息或知识。高校信息库积累的数据，随着高校数字化进程的不断推进而日益丰富。以往常规查询和生成报表打印通常都会使用这些数据，这些数据其实往往包含着很多宝贵的模型，这些规律是可以通过数据挖掘来显示的。例如，对人才的个性化培养可以采用分类分析法，对课程的合理安排和学习效果的评估可以采用关联规则法，对试卷质量的评估可以采用聚类分析法等。

二、数字化校园建设的原则

1. 先进性

校园网络应有较高的网络主干速度。因此，网络设备必须具备高速处理能力，提供高速数据链路，保证网络高吞吐能力，满足各种应用（如：视频会议系统、网络教学、多媒体教学等）对网络带宽的需求；网络设备应采用交换技术，以保证在工作中网络的快速响应速度，从而提供较高的工作效率。

2. 高可靠性

由于数字化校园的许多应用都基于网络系统，同时，校园网络和师生的学习生活紧密联系，所以要求网络须具备高稳定性、高可靠性和足够的空间，另外还需提供拓扑结构及设备备份。为了防止局部故障引起整个网络系统的瘫痪，要避免网络出现单点失效，网络主干交换机等网络结点关键设备必须具备一定的容错能力。

3. 安全性

校园网络常常同时和多个网络业务提供商存在链接，数字化校园应用建设后大量的管理、教学和办公数据都在公共网络上传输。因此，安全性在整个校园网络中是很重要的一环，必须采用一定手段控制网络的安全性，以保证网络正常运行。校园网络中应采取多种技术从内部和外部同时控制用户对网络资源的访问，可以用身份验证、虚拟局域网划分等技术有效地控制内部用户的行为，利用杀毒软件等工具防止网络病毒对整体网络的影响，同时也可以利用防火墙和入侵检测系统控制外部人员对网络的访问。

4. 可扩充性

校园网络建设一般是随着基建的建设同步施工的，在今后相当长的一段时间内，网络建设都存在扩充的可能性。因此，网络规模的不断扩大要求网络的架构和核心汇聚层设备要具有很大的可扩充性。

5. 可用性

提高整个校园网络的可用性，主要表现在对新的应用、新的协议的支持。网格等应用的普及、IPv6、AI（人工智能）等技术的推广，对校园网络的可用性提出了更高的要求。

第 二 章
数字化在教学管理中的应用

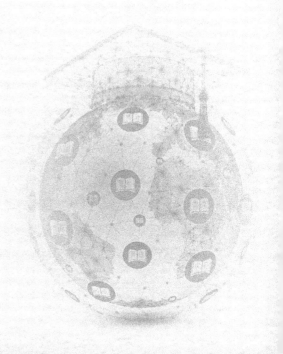

第一节　高校教学管理数字化的发展趋势

数字化时代，万物重构，人们不仅可以设计、编辑、运行、体验和把握超现实世界，甚至能够关联、干预、创造和操控人类所生存的物理世界。对高校教学管理数字化牵涉到的核心概念进行界定，明确其含义，阐述高校教学管理数字化研究所需的相关理论，将有助于进一步理解高校教学管理数字化。

一、高校教学管理数字化研究的相关概念

（一）数字化的含义

信息化是指培养、发展以计算机为主的智能化工具为代表的新生产力，并使之造福于社会的历史过程。与现代智能化信息处理工具发展相适应的信息技术生产力，称之为信息技术数字化生产力。数字化是以计算机现代远程通信、互联网、数据库技术理论为科学基础，对所调查研究的对象和各有关要素资料汇总整理至计算机数据库，供某些特定目的人群用于生活、工作、学习、辅助行政决策工作等，是与人类各种生活行为方式相结合起来的一种先进技术。使用该数据技术数据库后，能够极大地提高各种工作效率，并且可以降低社会成本，为推动当代人类社会整体进步提供极大便利的技术支持。

（二）高校教学管理的含义

教学管理要按照高校教学发展规律和专业特点，对教学过程实行综合全面化管理，从而达到教学目标。高校管理教学活动是现代高校管理人员进行专业教育活动的一系列重要基础工作，通常是指各高校管理者依据一定教学思想，通过一定的行政管理手段，本着遵从教学规律发展和高校管理组织规律变化的指导原则，对高校教学组织过程进行综合计划、组织、指挥、协调、控制，维持高校正常高效的教学秩序，以期达到教学和资源环境的优化有效配置，使各类课程与活动达到符合学校和既定规划的高层次人才培养工作目标。高校行政教育及管理学科在现代高校也不仅仅是指行政管理，而是一个兼有高等教育行政管理和高校教

师教学事务管理双重社会职能并存的学科；它是一门主要探讨普通高等教育学科的现代教学管理思想、本质、方法、内容、规律等及各自特点关系的综合学科，是一门探讨"以教学为中心，以高水平教学质量为目标，以科学管理为主线"的学科。一般认为现代高校教学管理的研究理论主要基于教育心理学、教育管理学、教育技术学、高等教育学等。

（三）高校教学管理数字化的含义

高校教学管理数字化是管理数字化思想在高校教育管理领域的应用，是指在现代教育思想指导下，利用计算机、网络通信及多媒体等现代化信息技术，对高校教学过程进行管理，从而达到既定教学目标的状态或方式，是信息技术在高校教学管理领域的具体应用。高校教学管理数字化依托先进的信息技术，依据现代高等教育与管理思想，改变高校传统的教学管理方式，通过对教学过程实施高效率的计划、组织、指挥、协调、控制，以实现高校教学目标。高校教学管理数字化不仅仅意味着高校教育管理信息系统相关硬件、软件平台的开发建设，更包含了教学管理理念的现代化、科学化和高效化。

（四）高校教学数字化管理模块

为了改善教学管理机制和教学运行机制，需要构建完善的校园网络，从而实现教学管理信息共享、分散操作、集中化管理模式。创新传统教学管理模式，能够使教学管理模式向综合化、无纸化、智能化及数字化发展。学生和教师通过校园网络交换信息、浏览信息，实现完善的数字化教学管理模式，可以使教学管理工作更规范、准确、方便。通过应用网络信息化，可以方便向学生发布成绩、课程变化、选课情况，以及考试安排等相关工作内容。教学管理数字化采用多元化的信息系统教学管理模块的方式，提高教学管理质量，其中教学管理系统模块主要包括校内系统管理、学生注册管理、学生学籍管理、课程管理、选课管理、维护公共信息管理等数字化管理模块。

1. 校内系统管理

通过设置系统参数、系统工具以及用户管理等方式，维护教学系统升级并科学地管理教学消息等。

2. 学生注册管理

通过采用数字化管理模式，便于学生注册，提高学生注册管理效率。

3. 学生学籍管理

学籍管理模式可以帮助高校维护学生学籍信息，同时为学生提供查询相关信息的方式；还可根据学生学籍数据实际情况，形成数据上报文件和高级报表。

4. 课程管理

合理应用数字化技术，给学生提供课程信息平台，主要包括排课、选课、教学计划、学生成绩管理等。

5. 选课管理

便于学生浏览学校制定的课程情况、教师基本信息等，方便学生选课，据此生成个人课表；教学管理人员可以根据用户端的方式查询、调整学生选课数据。

6. 维护公共信息管理

教学管理时应用数字化能维护公共信息管理，给学生提供基础数据集，其主要包括教学管理信息代码、学校公共代码、选课、校内教务系统公共代码、成绩代码及课程信息代码等。

二、高校教学管理数字化发展趋势分析

（一）现代教学管理的发展趋势

1. 教学管理的开放性更强

开放性系统是指与外界系统的有关物质、能量、信息资源和社会人员关系等要素的有效交换系统。数字化条件下，教学管理的开放性主要表现在教学管理环境和教学管理过程的开放性上。

（1）教学管理环境的开放性

我国数字高速公路网络建设发展代表着我国信息高科技领域的大发展，这改变了高校内部管理环境，相应地也改变了高校内部教学及管理工作的环境。网络逐渐成为教育管理中重要的工作手段，校内网络建设需要各种管理服务软件，如招生报名和高考录取监控系统、网上自动选课招生系统、教务信息化管理监控系统、网上就业推荐系统、多媒体视频教学辅助系统等。高校之间交流互动及高校与社会之间交流信息的渠道和辅助手段变得越来越多，联系也越来越密切，同时也拉近了学校行政管理部门以及教学管理部门与学校教师、学生之间的距离，因而高校内大环境的开放性会更强。

(2) 教学管理过程的开放性

教学和管理这两个过程实际上是一种互有明确目的关系的、多层次复杂的、双边共同活动以及多方相互作用的能动协调过程，是一种合理规划组织及使用优质教学环境资源、保证各项教学目标能顺利得到实现的协调过程，还是一种有序进行的、可控发展的过程。数字化网络条件下的教学组织管理过程上的开放性主要表现在以下几个方面：

一是学生的开放性。在数字化经济的支持下，高校教育的层次和类型日益多样化，网络虚拟大学、远程教育系统的迅速蓬勃发展，使得学生进高校的门槛逐渐降低，大学开放的主校门已经面向中国所有阶层的公民，不同年龄阶段，只要有一定的知识基础，就可以通过自主考试入学或自主免试申请进入各个不同档次的高校学习。

二是教师的开放性。高校的大门通过网络已经向全世界开放，高校通过种类丰富的兼职方式广泛吸引或招揽高层次人才，同一个专职教师甚至可以同时受聘于几所高校。教师编写的教材和讲义可以对外进行交换共享，本专业学生和其他专业或对该部分内容有研究兴趣的学生都可以通过一定方式在线访问与学习。每个人都可以享用这些资源，这在某种程度上也说明教师单位所有制的开放。

三是课程的开放性。高校开设的课程不只是针对本校学生，还可向别的学校的学生开放，甚至向全球的学生开放，如美国麻省理工学院早已在网上向全球免费提供上千门课程。除此以外，本校的学生也可以选修其他高校的课程，通过一定的方式进行课程学分的互换。

四是学籍管理的开放性。学生进校后可以在教师的指导下由学生自主选择专业及选修课程，并可以根据一定的规章制度进行调换。

五是网络教学活动过程系统的高度开放性。数字条件支持下的在线教学体验过程无疑将是另外一个完全开放互动的系统，因为移动互联网应用本身也具有资源更加丰富、交流更加便利、开放程度更高，甚至更具全球性特色的独特优点。通过移动互联网，使用者不但随时可以了解该学科中的最新理论研究成果，而且也能与任何外部网络世界保持高度持续深入的对话。在与虚拟世界联系的同时，高校教学也积极融入更加真实客观的外界环境，并积极有效地沟通信息数据、充分共享知识。在这样一个高度开放互动的学习系统环境中，教学的过程绝不仅仅单纯是给其他学习者传递资讯和转移知识资源，而是共享更为丰富有效的信息技术资源以帮助他们学习，并在此基础上继续学习新知。整个教学互动过程充分实现了数字化和内容多维化共享,学习者最终将有机会在这个教学系统环境中更加自由地学习"流动"。未来的教学系统可能不会被限制在校园中,也并不会完全限制在校园网络环境上,而很可能仍然在信息节点、班级地址或者学习者个性区位所构成的互联网里。

2. 教学管理的合作性更强

随着网络数字技术日新月异的飞速增长,互联网已经越来越成熟,政府之间、机构集团之间、机构和企业之间、个人和群体之间信息的沟通交流方式将更加便捷,彼此之间交流和各种合作也变得越来越多,合作沟通的力度自然也变得越来越强。信息流量密度不断提高和网络速度日益加快,也必将消释各种不同国家机构、社会组织集团乃至各国之间的界限。从管理角度上来说,合作管理成为国家、机构、团体、个人四者之间交流的常事,高校内的教学管理也不例外。

(1) 高校教学管理部门与社会之间的合作

由于以前通信技术应用与教育信息技术不够发达的因素,传统高校教学管理及与社会服务的合作并不多,它们之间交互反馈较为迟缓,合作深化的幅度和力度空间都不大。数字教育化为高校与社会的全面合作提供了良好的基础。通信技术、信息技术的日益飞速发展,使现代高校工作与信息社会工作的合作联系越来越密切,合作交流的地域范围也越来越广,而在高校数字化教学管理方面更是如此。从整个高校工作情况来看,高校人才培养的品质、普通高校毕业生人才培养的各种用人情况反馈及信息、对高等教育不同学科类型人才素质的需求、社会力量对优质高等教育项目资源的合理投入、社会机构对优秀高等教育研究成果知识产权的保护转化及其使用等情况都将需要得到社会机构的关注。从社会方面来讲,毕业证书的有效检索、高素质创新人才数据库的信息需求、国内外高校优秀的人才积极引进等工作都需要社会各界与各地高校的进一步通力协调合作。

(2) 高校教学管理各部门之间的合作

为了使教学管理更具效益、质量更高,高校之间的合作在所难免,数字化条件下高校之间的合作越来越多。数字化为各高校之间的交流与沟通提供了新的途径。相比于传统高校之间进行业务合作的方式如电话、会议、信函往来等而言,数字化社会条件背景下由于高校学生、教师、课程、学科体系的普遍开放性,高校师生之间在教学管理方面合作的方式相应有所扩大。从每年招募大学新生的入学计划再到专业教师管理人员的岗位聘任,管理课程设置的统一开设到各学科课程的开放互通,学生管理信息的收集到学生管理项目的合作实施等方面均在高校数字化管理合作领域之列。电子邮件技术的成功使用还使高校教学行政管理等人员暂时免除应答陌生电话信息的诸多麻烦,电视会议软件的普遍使用更让校园管理者免除掉了旅途往返所带来的奔波之苦,高校教师之间开展教学和管理信息合作涉及的业务内容更是越来越多。

(3) 教学管理部门与其他各管理部门的合作

教学工作应该是学校日常管理工作,而教学组织管理工作应是高校内部各项管理工作之中的重要工作,因而必须与其他相关管理部门保持紧密有效合作,才能更好发挥组织管理的核心作用。数字化条件下的教学技术管理各部门与其他高校以及其他相关管理组织部门单位之间开展的合作,首先就表现出为数字化教学和管理技术信息服务资源的有效共享。例如,教务处、学工处等共同参与全校学生管理工作,教务处、人事处、科技处、学术委员会办公室等则协同对院系教师进行管理,而多个部门对学院同一教育对象实施的综合管理就需要共享数据资源,不同类型的部门就要分工合作共同地来进行数据收集、整理,避免一些重复性的劳动。数字技术网络日益广泛的应用也促进了各个高校以及各个管理研究部门之间更好的科研合作,网络将成为深化他们彼此之间合作交流的重要沟通手段。为了处理突发事件,一个部门可以向其他管理部门申请援助(抽调工作人员),协同并合力完成任务,使工作更高效快捷。

3. 高校教学管理趋向柔性化

柔性的管理一般是相对于刚性的管理活动而言的。泰罗的科学管理是刚性管理的典型,刚性管理是凭借制度约束、纪律监督、强迫等手段进行的,是组织者依据事先成文的规章并凭借该机构权力来实施的系统化管理。柔性组织管理原则是组织者通过各种激励、感召、启发、诱导等行为方法实施的,是管理者依据整个组织内的一个共同社会价值观取向和特定文化、精神氛围下实施的人格化行为管理。数字化时代条件下,高校现代教学过程管理逐步趋向柔性化,其主要集中表现在高校教学全过程管理和组织机构管理趋向柔性化、教师与学生的管理逐步趋向柔性化。

(1) 教学管理组织机构趋向柔性化

现行高校组织机构庞大,各机构交叉重叠,具有学科多样性和高度模糊性等特点。西方的模糊教育管理模式也认为,模糊性组织是类似学校集团和独立学院组织中的一种普遍特点,尤其在社会经济迅速发展和变化的时期,模糊性的特点往往表现得更为明显。该模式认为,高校没有确定的目标和明确的管理程序,不但参与决策的人数无法固定，而且决策的结果还容易受环境变化的影响。正是因为这一原因导致企业组织及管理活动的复杂性变化和不确定性。高校正处于数字技术飞速发展、管理环境迅速变化的时期，高校原有的、僵硬的教学管理组织机构不能满足现有要求，从而致使教学管理组织机构逐渐趋向柔性化。教学管理组织机构的柔性化是指组织机构的灵活度和可调整的范围大。首先表现在教学管理组织目标的调整上。数字化时代高校的管理环境不断发生变化，教学管理组织目标需要及时地修改、调整以满足多方面的需要。其次表现在机构设置和人员职责的灵活性上。在日益变化的环境下，教学管理工作将出现较多的、不可预料的情况，为了迅速处理好这些意外的情况，教学管理部门需要具有临时组织处理并随时调整管理人员的能力。

（2）教师与学生的管理趋向柔性化

教师与学生管理的柔性化是指在研究教师与学生心理与行为规律的基础上采用非强制性方式进行管理。在教师与学生共同心目中产生出一种潜在的、强大的心理说服力，从而能够把整个组织行为的自发意志行为变成一个教师与学生自觉的行为。大学教师是高级层次知识分子，明事理，接受新生事物快，对现实问题往往有自己的认识，同时具有较为鲜明的个性，在数字与信息化时代，他们常常能迅速从现代网络中获得想要的信息，且对现实事物发展规律认识准确。对他们仅凭规章制度进行强制管理是行不通的，相反，应该突出他们的自我管理能力，尊重他们的价值，承认他们的劳动，充分发挥他们的聪明才智。如在教师的教学过程中，我们不能要求教师用同一种方法教每一个学生，对教师教学工作的评价也不能用统一的标准纯粹地进行量化或标准化。

对高校的学生来说，柔性化管理主要表现在以下几个方面：一是人才培养规格的柔性化。数字时代需要多种规格的人才，对高校来说，需要培养的是多层次和多样化的人才以适应时代的要求。二是教学计划的柔性化。数字网络时代，知识体系更新转化速度日益加快，高校若要培养适应当今社会发展实际需要的人才，就要制订柔性化的个性化教学计划，注重系统培养学生多样化的应用能力，给予每位学生更多自主选择的机会。如学生们可以不选择专业免试入学，先在学校学习过一定数量的公共通识课程拿到学分后，再根据自己感兴趣的学科选择专业；同样的学位课程对不同专业类别的学生可以有不同的申请要求。三是人才评价的柔性化。老师们并不要求班里每一个学生个个都是杰出的人才，但要求每一个学生得有自己的特长，对不同的学生实行不同的评价标准，因此需要根据实际情况灵活变化综合评价方法。

(3) 柔性管理在高校教学管理中的特点

柔性管理的首要特点就是灵活性。在高校教学管理中，柔性管理应坚持"以人为本"的理念，坚持"以学生为主体"的原则，让纪律更加人性化。

柔性管理的另外一个特点就是人性化。在传统教学管理中，采用的刚性管理方式，是从上而下规范，这种管理方式严重制约了师生的个性化发展，难以满足社会发展的需要。人性化管理中需要充分意识到学生中间存在的差异性特征，始终坚持"因材施教"，不断提高学生潜力。同时，在人性化的原则下将学生作为主体，认可教师的主导作用。

多元化也是柔性管理的一个特点。首先表现为主体的多元化。充分统筹和兼顾学生以及教师和学习的内容，做到统筹兼顾，并且坚持"以人为本"，对教学管理中相关的要素进行统筹和协调。其次是促进多元化教学互动的实现。柔性管理能在师生之间充分实现互动。最后是多元化的知识传递方式。在师生之间形成一种双向循环知识交流的模式，加强学生互动，并且教师要做到知识的传递和情感的交流，从而构建一个不断变化的动态教学管理过程。

4. 高校教学管理趋于虚拟化

"虚拟"是计算机专业的一个术语，指由软件驱动而形成的事物，而不是实际以物理形态存在的事物。数字化时代背景下的中国高校对于教学及管理系统的虚拟化技术主要可表现为对管理活动主体和客体的虚拟化、教学管理环境的虚拟化以及其他教学资源的虚拟化。

(1) 教学管理的主体和客体的虚拟化

所谓组织管理主体是指在一切管理活动实践中，承担决定和实施具体管理的人或社会组织，其中包含各种类别的领导人、主管和各类管理机构。对教学管理主体来说，教学管理主体的虚拟化指的是在学校利用数据库和校园网络等进行日常教学过程管理活动时，在校园网络技术上实施的教学管理。在教学与管理活动客体或某个组织看来，教学及管理的主体是由一台计算机和网络而组成的，与他们进行语言交流的仅仅是一部电脑（计算机）、一个网址编码、一个角色符号，而并非某一个具体的管理人或组织。教学管理活动主体应当是虚拟的但又完全可以用于完成实际教学或管理教学活动的过程。

教学管理的客体即指能进入到教学管理主体认识空间和管理事务范围之中的各类客观事物。数字化时代背景下的教学管理活动客体的虚拟化也是相对于教学管理主体而言的，主要是泛指教育管理过程客体空间中对于教师、学生群体及管理组织对象的客观虚拟化。利用网络工具进行教学管理的主体所面对的客体往往也是一个个虚拟的代码、一个个被虚拟化后的虚拟人像和数字符号，而并非一些具体存在的活生生的某人或组织。在整个教学行政管理过程信息化建设中，可能教师自己和其学生未曾谋面，教学行政部门管理专业人员甚至与这些教师和学生们也是从未见面，他们面对着的则是一个个计算机字符代码，由电脑软件发出指令来进行日常交流和工作。

(2) 教学管理环境的虚拟化

教学管理环境主要指学校开展教学及其管理工作活动所必需的诸多客观条件的综合。数字化背景下，我国高校现有的教学及其管理环境主要基于现代校园网络，而现代校园网又基于互联网空间与实际的客观物理空间，是一个"虚拟现实"的无形的互联网信息空间。此信息空间为人类社会提供一个完全冲破传统地域概念的新的活动网络空间，人类在这种虚拟的活动网络空间中能逐步内化从而产生适应新时代的新生活方式和生活规范。各高校的课程教学管理也在这个虚拟化的管理环境中，因而本身也被虚拟化，像高校的综合教务管理系统、多媒体教室管理系统，就是虚拟化教学管理环境中最好的例子。

(3) 教学资源的虚拟化

教学资源是为实施教学而提供的一切事物。传统高校的教学资源基本上都是实实在在的事物，在数字化条件下，很多教学资源可以利用计算机软件将其虚拟化。在教学管理数字化条件下的教学过程中，可以有虚拟的学校、虚拟的教室等；在教学资源不足，实验资源不充分的情况下，可以用软件虚拟出实验室、实验材料（如数字化动物、数字化电路板等）、仪器、实验环境（如虚拟的太空和宇宙场景）；在训练场景无法设置（如对宇航员的训练）的情况下，可以用计算机技术和其他技术相结合创设出虚拟的训练环境。

5. 教学管理的互动性更强

交互性活动是指人与人之间、人与其他事物者之间、事物与事物之间开展的双向性的、开放合作的交流等活动。交互性也是网络通信的重要特征之一，一般分为同步交互和异步通信交互两种。同步交互指交流的双方必须同时在场，能得到及时正确的信息反馈。异步通信交互是指进行交流活动的时候双方可以不同时在场，不必及时收到反馈。高校教学管理的交互性主要是指各教学管理主体部门之间、教学管理主体部门与相关客体之间、教学管理活动客体之间能通过互联网不断地产生双向有效交流，从而高效完成某项教育管理活动。传统高校教学管理工作的交互式都以实时同步交互为主，强调信息实时交流反馈，绝大多数管理工作（如表格的申请、文书资料的传递等）交互双方必须同时到场。数字化条件下，基于校园网技术的高校管理信息化平台交互性更强，从而促使高校教学管理主客体之间信息交流的平台交互性更强，交互操作方式更多，并主要以异步通信交互为主。在各教学网络管理的主客体双方之间，如果某一方有什么命令要下达或有要求需提出，可以在任何时候在网上发布通知或直接给具体某一个人写留言，而不需要打断对方正在做的工作；此外，任何一方可以定期查询来自网络其他各地方发出的有关留言请求或相关信息资料，并对此进行处理。在教学管理主体自身与客体部门之间、教学组织管理客体部门与其外界主体之间亦同样如此。

（二）教学管理数字化的发展趋势

在现代教学管理发展趋势的推动下，特别是教学管理数字信息系统在高校教学管理中的全面应用，使得高校教学管理数字化呈现以下发展趋势：

1. 数字化

教学管理实践过程中会涉及如课程学时数、教学任务工作量和学生成绩等大量数字数据分析，这些管理工作相对而言比较容易。但实际管理工作中也存在大量非数字化数据，如上级传达的指令、教学组织效果、教学组织规划、教师水平和教学质量指标等，这些实际教学管理信息数据需要数字化处理，即把这些图形文本、图像信息和声音信号转化为数字格式录入并实现传递。现代教学信息系统的大量运用，使教学管理的各类具体统计资料均能以交互式数字化多媒体信息来准确表示。过去那种需要各管理人员到各个教学工作部门进行大量手工收集的报表数据和图表数据，被校园网信息数据所取代。原先需要存贮于资料柜、卡片箱、笔记本里的日常教学管理文字资料等转化为多媒体数字方式存储后，可方便归类、复制整理和存储。教学管理数字化后，降低了大量信息手工制作成本和资料存储费用，更重要的是能够将全校信息资料转化为数字形式，校园网络终端上所有的网络用户可以不受时间、场所环境制约而相互地传递信息文件内容或指令，学校职能部门则可以直接从校园数据库网络中随时提取其所需要用到的有关数据，从而有效实现了各类信息技术文档的网上传播，扩大信息共享程度，提高资源利用效率。

2. 网络化

现代校园数字系统解决了高校教学行政管理信息传递现代化的技术问题，教学管理部门均借助计算机网络技术成功地达到信息相互交流和知识共享服务的双重目的。首先，网络化是指基于C/S模式建立的教学管理的网络平台，把学校各教学单位、各教研室、教务处及相关职能部门和管理部门通过校园网联网系统及校园网各系统用户提供的各种客户端应用程序很便捷地实现网络文件数据传输、数据资源共享和资源信息在线查询。其次，网络化是指统一建设的校园网，即在校园网范围内连接高校所属的各学科院系、各行政职能部门的专用计算机网络，它能够将高校教师培训管理、考试组织管理、教学计划制订管理、学生教务管理、课程管理、财务管理和各类招生工作管理等教学管理子系统集成一体，实现各个管理系统模块之间高效数据交换和有效流通。教学管理者能够与社会大众实现网上面对面交流，直接地了解未来社会对人才类型的需求，对高校毕业生进行就业咨询指导等。网络化校园还包括计算机局域网、校园网与互联网充分互联。借助校园内部网和互联网，高校各种教学管理信息网络与社会信息资源实现高度有效整合，高校现代教学信息化管理成为对内相互联系、环环相扣，对外完全开放、超越时空束缚的综合网络平台。

3. 智能化

现代教学管理信息系统利用多媒体、人工智能以及数据库等先进技术，结合计算机网络，创造出一个智能化的教学管理环境。在结构设计方面，信息系统借鉴人工智能技术的搜索推理机制，利用数据库理论和方法，采用模块化结构设计方法，对分散在各个教学管理环节上的信息进行实时和综合处理。教学管理的各环节、各业务自成体系，同时又为各子系统之间的转换联系提供接口。如教学管理中的教学任务子系统和教学行政管理子系统，经过一个智能化模块软件程序，能自动生成课表安排、考试安排。信息系统运用计算机的一些高级语言，模拟人的思维过程，进行一定的逻辑推理，能智能地进行管理操作和决策。智能化使得信息系统具有越来越强的辅助评价、决策功能，这对于含有较多随机性、模糊性信息，且决策过程非结构化的教学管理来说，是十分重要的。

4. 扁平化

传统的教学管理是按马克斯·韦伯提出的科层制组织起来的，表现为一种权力、资源与信息的垂直分布格局。但由于各类教学管理信息系统的使用，教学管理信息的传递从纵向垂直模式转向网络互联模式，其结果是取消了大量中间管理层次，教学管理组织架构呈现出扁平化趋势。科层制的教学管理组织分工过细，层次太多，造成官僚主义、"官本位"盛行，用行政方式管理学术权力，从而使得教学管理效率低下。层次多的组织惰性大,信息传递容易失真,不容易促进组织学习,也不容易把创新能力的人才安排到适合的岗位上来,因而采用扁平式的教学管理组织结构成为必然,而且信息技术为此实现提供了成熟的技术。

5. 合作化

教学科研管理体系,即根据学校专门职能具体工作进行分工,大家各做各的工作,不同类别的工作任务由分属不同具体管理职能部门和教学行政管理人员按各自分工完成,形成"一个萝卜一个坑"的局面。而当传统教学管理结构由垂直分化向扁平化交叉的网络互连结构转变后,这种岗位工作及职能分工就已经不再适应现在的管理要求,它要求教学岗位管理相关人员必须具备多方面专业知识及专业技能。这种岗位交叉分工协作的特性要求打破原有职位"牢笼"模式,不再只是以完成教学管理岗位职能目标为中心,而是以实际工作任务为中心来组织协调工作,形成一个个实际任务网络,各个教学岗位管理服务人员之间不再只是工作齿轮链上的一颗齿牙,而是网络上的节点,可以十分方便、协调自如地做到相互分工合作。通过使用TMIS技术将各种现代化教学管理工作模块集成于信息化平台终端,分管校园各项行政工作中的教学管理人员便随时可以实现无缝协调、合作。过去有很多教学行政部门管理人员由于忙于其他工作事务或本人不在办公地点,而其他人员无法替代其工作。这种在以前日常教学行政管理操作中经常出现的现象,现在就可以轻松避免了。

6. 虚拟化

教学管理中的许多常规性工作都可以由计算机体系、TMIS的终端来完成,从而使这些教学管理部门、教学管理人员"虚拟化"为信息系统网络、计算机体系的一个单元。教学管理人员可以随时在校园内的任何地方甚至在校外的任何地方来完成管理决策、管理等工作,然后再通过校园网络传送到需要处理的地方。教学过程管理现代化的初步实现,已经不再需要过去那种庞大复杂的物理条件,如固定办公时间、地点,而是可以创造出虚拟办公空间,从而使高校的教学管理呈现了出虚拟化特征。

教学管理组织的虚拟化,实际是教学活动管理组织内部信息的高度网络化,利用校园网、互联网上的TMIS的终端软件把现代教学组织管理中教学管理人员之间、教学活动管理人员与全体师生之间相互直接联系在一起,它能够使尽可能多的物理空间转换成数据信息资源,尽量减少实物空间,因而可以提高教学管理的效率。这种虚拟的教育管理服务职能不是完全固定的,可以根据学生实际管理需要来不断地进行动态调整，它的服务对象、服务的时间等都可以得到扩延。①

第二节　构建教学管理数字化新模式

一、教学管理数字化新模式理论分析

（一）教学管理数字化新模式的内涵

高校教学管理数字化新模式，就是以网络资源和服务的高效教学管理为基本理念，在现代教育思想为指导的原则下，以优质教学信息化资源数据库和数字化网络环境资源库为基础，运用数字化信息理论与信息资源科学管理方法，以现代网络数字信息技术为核心技术，充分合理考虑多种外界变量因素和信息，组织和动态配置高质量教学信息资源，构建教学资源、在线智能决策教育与学习、智能评价与任务导向下的交互式教学管理一体化系统，进行数字信息化教学管理活动，从而快速、高效率、准确地达到课程教学目标。从现代教学组织管理内容看，数字化教学模式涉及教学组织过程的组织与管理、教学活动计划管理、教学质量全过程管理、教学行政管理，以及有关学科基础建设、专业建设、课程建设、教学人员队伍建设、专业团队建设、教学工作管理考评制度等方面相关的工作。从教学管理信息化手段发展来看，教学管理数字化新模式是基于现代在线自主学习教育理论研究的新一代数字信息技术、网络技术、普适计算技术在教学管理中的广泛应用。

（二）教学管理数字化新模式构建的目标

教学管理数字化新模式构建的总体目标是：建设全球一流水平的数字化信息网络、数字化高质量课程教学资源、数字化管理信息手段和实践工作环境、数字化科研教学实践与科研学习平台，实现数字化知识学习、数字化教学、数字化实践科研和数字化教学管理，构建数字化区域合作与创新服务平台，创建高水平的

---

① 李晓雯. 高校教育管理的理论探索与探究[M]. 长春：吉林人民出版社，2021.

数字化校园生活空间，全面实现教育信息化水平和现代化，为高校创新拔尖人才培养提供支撑平台和保障。

整个数字化支撑服务平台至少分为四个子平台，即网络平台、共享平台、服务平台和统一的信息门户平台，其中服务平台包括学生思想工作管理平台、学科专业管理平台、学生数据交换平台、资源管理平台、人才培养质量监控评价管理平台、数字化教学与学习服务平台、网络学术创新平台、科技服务写作平台和学位论文网上管理平台等。

(三) 教学管理数字化新模式构建的原则

1. 理念先导、过程规范的原则

理念是管理者支配其行动方式的最高原则与人生信条，左右着管理者的思想，是一种精神力量、价值期望。它不仅具有激励人的功能，同时也具有教育人、规范人和指导人的作用。

教学管理数字化新模式构建是一个极为复杂和艰巨的现代信息系统工程，其总体构建应分为四个核心部分：教育理念重构、网络基础设施等硬件系统平台建设、信息资源数据库及教学管理应用平台开发等软件系统建设、以信息化教学应用为核心的教学应用系统建设。新模式的整体构建，首先是教育思想理念、教育体制、教学工作模式等方面的全新变革，其次才是现代数字信息化理论指导的各种硬件建设、资源的开发、多种应用系统的综合建设。

教学管理数字化新模式的构建，要规范其建设活动，如建设项目立项、制定系统建设方案、项目实施、项目完成验收与评估反馈等相关工作程序，使之成为信息工程系统规划、设计、建设、验收管理工作的依据。有些学校建设项目没有规范建设，造成了很多严重问题，诸如其设计结构不合理、性价比低、重复投资、性能质量不稳定、可维护性能差等各种问题。这些情况严重影响并制约着教育教学的快速发展。

2. 整体规划、分步实施的原则

教学管理数字化新模式的构建原则上应服从全社会信息化建设发展规划，做到下级规划应服从其上级规划，局部规划须与整体规划内容相一致，同时应分类指导，分步组织实施，分层稳妥推进，以避免部门各自为政。

教学管理数字化新模式构建，先要进行总体规划。校园网是满足当今学校网络信息化教学管理环境的一项重要基础设施，应为整个学校教学、日常运行办公、管理、内外沟通交流等诸多方面提供全面、必要的支持。从推进信息技术资源与传统课程教学整合的角度来看，校园网应具备教师教学功能、教务辅助管理功能、资源信息功能、学生学习功能、内外沟通交流功能及辅助于课程整合等教学的教育装备管理功能和行政管理功能等。

3. 应用推动、效益优先的原则

由于缺少技术力量、财力保障和整体师资高素质等现实问题，教学管理数字化改革中存在主动性不够高，长期被动推进的局面。合理配置各类软件资源和硬件资源，注重使用效益，加强系统硬件设施与信息技术教育手段的衔接整合，提升校园数字化教育水平，明确数字化教育目的。

教学管理数字化新模式构建从教育信息基础设施和数字资源两个重要方面系统考虑构建的工作目标和运作方式，做到信息化基础设施投资效率最大化，软件资源系统建要通过"资源联盟"的方式，走节约型信息化道路，降低信息资源建设的成本，推动信息化应用可持续发展，为构建和谐教育做出贡献。

4. 资源共享、够用实用的原则

教学管理数字化新模式构建一定要以社会信息资源有效共享为出发点和落脚点，既要重视软件系统基础建设，也要重视硬件装备和相关技术力量，做到统一信息网络平台、统一信息标准规范、数据充分共享。教学管理信息化可通过加强校际资源整合共享，构建学校资源联盟，发挥高校集团优势，积极探索信息资源共享共建的有效运营机制，推动教学管理数字化集成应用，促进教育数字化的大力发展。避免盲目求高，以免造成教育资源的浪费。要始终从科学够用、实用创新的原则出发，构建适合本校教育实际现代化教学管理数字化新模式。

5. 配置标准、结构灵活的原则

教学管理数字化新模式构建中应遵守国际标准、国家标准、行业标准和地方有关行业规范，并制定相关硬件标准及配置的方案和软件实施方案，按照有关标准逐步完成系统设计与要求，为系统的正常应用及维护工作打下坚实基础。鉴于信息技术的迅猛发展，信息系统结构必须具有较好的灵活性，以保证将来的扩展和升级，从而适应各种业务的不断发展。

6. 系统稳定、技术成熟的原则

各类硬件设备和软件系统要以运行稳定为前提，各类服务器应满足全天候24小时不间断运行的要求。在网络、管理和应用系统的可靠性方面，必须采用容错性设计，以保证整个系统安全、可靠地连续运行，为信息技术与课程整合提供有力的支持；要采用通用和成熟的技术，降低建设成本，减少设计和施工的难度，缩短建设周期；不能将有限的资金投入到前沿性的硬件项目建设开发上，要从国内外现有成熟的产品和解决方案中选择适合自己需要的并加以利用，避免低层次的重复建设。

二、建立科学的教学管理数字化新理念

理念是人们经过长期的理性思考及实践所形成的思想观念、精神向往、理想追求和哲学信仰的抽象概括。理念也是一种思想，如办学理念、管理理念、企业理念、设计理念、经营理念、新课程理念、教育理念、服务理念、教学理念等。

应对数字化时代的挑战，高校不但要进行教育创新，更要进行管理创新。高校教学管理创新的实质就是管理理念的创新、管理过程的创新和管理目标的创新。从管理的职能来看，组织、控制、协调等都会有创新；从管理的过程来看，决策、实施、检查、总结等各个环节也会有创新，但其中的关键仍然是管理理念要创新。要实现高校教学管理数字化和管理的现代化，就必须从以下几个方面创新教学管理数字化理念。[①]

（一）建立"首席信息官"战略理念

我国高等教育向"大众教育"方向不断转变，高校在教学理念和培养目标上也在不断地重构和完善，以期在未来的竞争中占据有利的位置。教学是高校工作的核心，高校所有的教育理念和培养目标都需要通过教学来体现，所以创建科学、高效、合理的高校教学管理体制也被各大高校所关注。教学质量是高校战略性发展的基础和保障，教学质量的高低决定了学校的未来发展水平。因此，高校创新教学管理体制，对提高高校教学质量、实现战略发展目标有着重要的现实意义。

（二）坚持以数字化为手段，培养人才的理念

数字技术是手段，不是目的。数字化管理归根结底是为教学、科研、管理等各项工作提供现代化的工具和手段，是为提高教育教学质量、科研水平、管理效率以及整体办学实力服务的。在贯彻"以学生为中心"的理念同时，"为教师服务"是数字化管理的核心价值体现。高校的根本任务是培养人才，用数字化技

---

① 李晓雯. 高校教育管理的理论探索与探究［M］. 长春：吉林人民出版社，2021.

术、手段来推进教学、科研、管理创新,实现高等教育现代化,其终极目的在于更好地培养人才。

(三)加强科学管理和应用的理念

数字化管理的关键不是技术,而是组织与管理。数字化的成败可以说是三分靠技术、七分靠管理。应用是实施数字化管理的核心,现实中"重硬件、轻软件"的现象普遍存在,似乎拥有了信息化设备就可以实现数字化管理。然而并非如此,应当把加强信息技术在管理中的应用、提高全校师生员工应用信息和信息设施设备的能力放在重要位置,努力提高数字技术设备的使用效益,推动管理水平的提高。

(四)实现资源共享的理念

信息资源与数据共享是高校数字化管理的灵魂。管理信息化的本质就是要实现信息资源最大限度的共享,而信息共享的核心是基础数据的共享。实践证明,信息共享机制必须在技术、政策、资金、管理四个层次上建立。技术机制是由一系列的技术标准构成的,是确保信息资源与数据共享的基本前提;政策机制为信息资源与数据共享提供制度上的保证;资金机制是按照"谁开发谁受益"的原则建立的协调信息共享供需双方利益的市场机制;管理机制是一种通过人为干预与调节来增进信息共享的行政机制,它在前三个机制的制约下发挥作用。前三个机制是基础性和主导性的,但管理机制是前三个机制和谐运转的保证机制,而且是制定和完善前三个机制的控制机制。

(五)坚持以人为本的理念

人是管理中的最本质、最活跃的因素,数字化管理的决策要靠人,数字化管理的建设要靠人,数字化管理的推广要靠人,数字化管理的目的也是服务于人。高校推行信息化管理的成功与否,最终决定于人及其素质。在推进数字化管理的过程中,要把出发点、着眼点、落脚点放在充分调动人的主动性、积极性和创造性上,最大限度地挖掘决策层、建设层、管理层、应用层中的领导、干部及全体师生员工在信息化决策、建设和应用中的潜能,并把推进数字化与提高他们的素质,改善他们的学习、生活、工作环境紧密结合起来。要强化各级各类管理人员的培训,使他们能够熟练掌握现代信息技术,提高他们的工作效率和高校的整体管理水平。

（六）努力实现资源丰富的理念

在教学管理数字化过程中，应以先进、完善的教育教学管理理论为指导，以高速发展的信息技术为手段，以完善的软件技术为支持，以大容量的网络存储为物质基础，以高速稳定的网络为纽带，以多媒体技术为载体。应借助功能强大的教学数字化平台，将各种职业要求、各种职业应具备的知识、各专业课程与职业的对应关系、各门课程的学习要求、各门课程的教学大纲和考试大纲、各门课程的教学内容、各门课程考核评价指标体系、课程的教学计划和授课计划、各门课程的完整教学课件，以及拓展学习要求、及时在线作业资源、及时在线辅导与答疑资源、及时在线考核、教师的详细情况、电子图书资源、精品课程资源等教学、学习资源进行整合，力求信息资源丰富，构建扁平化、立体型的交互式教学数字化服务平台。

高校教学管理信息化的建设是一个全面的教学管理过程，是一项复杂的系统工程。在组织实施过程中，应充分估计实施的难度，制定具体规划，建立强有力的组织机构，加强硬件和软件的建设。制定严格的管理制度，建立良好的管理和运行机制，从根本上保证教育信息化目标的实现，促进高校教育教学改革和提高教学质量。

（七）坚持业务流程优化的理念

业务流程优化是在业务流程再造理念基础上提出的，旨在更好地满足顾客的需要，提高工作效率。业务流程优化强调渐进改良，通过分析理解现有业务流程，在现有的流程基础上进行优化并建立新流程，它是基于组织环境的变化，在数字信息技术进步的有力推动下，为实现组织绩效的改善而分析优化现有流程的一种方法。业务流程优化的优点在于通过对主要业务流程的分析和优化，可迅速获得工作绩效的提高，同时对整个业务流程干扰较小。业务流程优化不仅是一种管理观念的变革，也是整个管理体系的创新，它的真正意义在于其对组织改革的实际作用。

三、教学管理数字化新模式构建的标准机制

（一）构建教学管理数字化标准制度

高校的教学管理信息若要在国内和国际进行交流和共享，就要制定统一标准，保证数据的共享性。为了推进学校的数字化建设，首先要加强校园网建设和

图书馆的数字化建设，制定相应的改革措施和制度。其次要重视教师和教学管理人员在应用信息、技术过程中的作用，制定教师和教学管理人员数字技能的培训政策，让有经验的教师与计算机技术人员共同组成培训小组，为教师和教学管理人员提供操作、技能等方面的培训和指导。最后要利用信息技术开发和设计教学课程软件，把教师和教学管理人员信息技能水平作为其晋升的指标之一。

（二）建立教学管理数字化首席信息官机制

向先进企业学习，创新教育管理机制和体制，在高校逐步建立现代教学管理数字化首席信息官机制。首席信息官应该由校级领导直接参与高校管理各项领导决策，全面牵头负责高校的数字化管理工作的推进和组织规划。如果学校没有首席信息官强有力的实施组织与保证，信息技术应用只能停留在"自动化"层面。将先进应用技术与组织有机结合，是促进教学管理数字化有效运行的保障机制。从某种意义上来说，教学管理数字化其实就是一场"管理革命"。

（三）有效整合现有的教学管理数字系统，消除"信息孤岛"

根据"各类并用，逐渐弃旧"的设计原则对目前现有的各类教学管理数字平台系统资源进行全面有效整合。对那些一时还无法全部舍弃的教学管理信息系统，应根据数据格式进行优化编写各类接口，消除"信息孤岛"，主要包括与不同厂商之间的接口、新旧版本间的接口，以及教学管理信息系统与现有校园网管理系统中其他各类应用软件系统的接口。

四、教学管理数字化新模式构建的内容

面对信息时代的挑战，高校教学管理数字化要不断进行创新，以信息及通信技术与现代教学管理理论有效整合的研究为基础，以资源丰富的、具有在线决策功能的、集智能评价与决策导向功能于一体的交互式教学管理信息化新模式构建为目标，创新教学管理数字化模式。

（一）资源型模式的构建

教学管理数字化资源型模式，是以资源的教学管理为基本理念，以学校资源和网络环境为依托，构建集教学、管理于一体的综合系统。这种模式是在教务和教学信息标准化、规范化的基础上，对信息资源进行合理的布局，面向学生学习和教师教学工作，同时结合学校事务管理的网络化和信息化，基于网络应用，无需客户端程序，具备强大的动态信息交互功能和信息沟通功能。

1. 构建原则

第一，统筹考虑，信息共享。基于校园网实现信息资源共享和跨平台的信息资源互访系统，不仅要解决全校不同部门信息资源的共享，还要解决学生和教师已有的或将建立的信息系统的资源共享。

第二，包容性和可扩展性。教学管理系统应具有较好的可扩展性和包容性，能接纳已有的系统，同时在应用需求变化时（应用需求与系统开发往往不同步）有一个好的应用平台，易于调整、扩充和升级。

第三，系统操作简洁，便于使用、检查和维护，适合非计算机专业人员使用。教学管理系统整体的界面设计应符合人们日常办公使用，界面布局应友好清晰，简单直观易学，功能扩展完备方便实用，易于升级扩充。网络结构设置应简单明了，层次分类清楚，便于管理，易于扩充。

第四，可靠运行，安全保密。教学管理系统应具有相对安全与高效合理的通信保护机制、身份信息认证、权限信息检查，以及时处理教务信息系统的安全性、保密性功能，防止信息被泄密和外界对该校信息源的恶意非法侵入。应认真考虑校园网与各种安全保障机制相结合，利用路由技术，建立本校教务信息系统网络安全防火墙。

2. 内容构建与模块设计

资源型教学管理数字化模式的内容构建与模块设计主要有办公应用资源模块、宣传活动资源模块、学习工具资源模块、教学应用资源模块和其他辅助资源模块。数字化教学资源综合服务支撑平台可分为以下四个子网络平台，即资源网络平台、共享交换平台、服务支持平台和全校统一的信息门户平台，其中综合性服务平台包括数字化资源教学开发与网络学习平台、共享服务信息平台、学科专业管理平台、人才培养质量监控分析评价管理平台、学生思想工作管理平台、人力资源管理平台、学生数据交换平台等。

(二) 功能的构建

构建中的教学管理数字化系统，包含以下功能：

1. 在线决策功能

建立完善、科学、合理又相互关联的决策系统，利用丰富的资源数据、实时采集的数据，依据智能模型和科学、规范、完善的评价指标，为学校的教学管理、教学实施以及教师教学、学生学习提供决策支持。

2. 智能评价功能

以科学、规范、完整的评估指标体系为基础，对教师的教学过程及效果进行适时评价，以提高教学效果和质量。帮助学生通过教学信息化平台测试、评价、诊断自己的学习情况，切实帮助学生进行查漏补缺，以促进学生及时调整学习策略、学习内容、学习方法。同时，学校各管理层面能从宏观、微观两方面对学校整体教学质量、学生学习的整体情况、各课程教学效果等方面进行实时监控。

3. 决策导向功能

以高度智能化的评价系统和丰富的资源系统为支持，以各种职业和课程群、职业与专业、课程群与专业、课程群与课程模块之间的关联为依据，以提高教学质量和教学效果为目标，提高人才培养质量和激发学生有目的的学习，为教师教学、学生学习和学校教学组织、实施、管理提供决策和导向。如依据职业对知识技能的要求和学校所开课程的关系，帮助学生根据自己的实际情况和对职业的考虑来选择对应的学习课程；根据学生个人所学习的课程情况指导学生选择适合的职业及修业的课程；根据学生的学习情况，引导学生调整学习方向；依据学生学习过程中对知识的掌握情况及反馈信息，向任课教师反馈教学效果，引导教师改进和调整教学策略等。

4. 交互共享功能

教学管理数字化是一个庞大的系统工程，管理模块多，关系复杂，各模块与各子系统之间相互关联密切，系统立体结构完整，数据"回路"通畅，数据标准、规范，具有各种数据交互共享的功能。

第三节　高校教学管理机制构建的路径

一、加强数字化基础条件建设

第一，加强校园网建设。数字化教学管理是基于校园网网络平台的，但需要注意以下几点：一要加强现有网络的优化升级，对于影响网络速度的瓶颈问题必须加以解决。二要加强与电信运营商的沟通，进一步协调、解决好跨网访问带来的问题。三要加强网络管理队伍的技术力量。"三分靠技术,七分靠管理",管理好网络是校园网络能否发挥好作用的关键。由于网络是一个开放的世界,存在各种潜在的威胁,网络建好后因为管理不到位而导致网络应用能力下降的事例比比皆是。所以学校一定要增加网络管理的技术力量,特别需要由技术精湛的高级人才来负责整个网络管理团队,带领他们维护好整个校园网络,保障网络访问、数据传输的畅通、快捷。四要定时安排现有网络管理人员分批学习培训,提升他们的技能水平,以更好地为管理好校园网络服务。[①]

第二,应该对全校的信息资源进行统一规划、建设,建立全校数据库中心,这是目前高校数字化的发展趋势。数据中心的建设不仅能够优化资源配置,也便于对资源的统一管理和维护。

第三,加强软件方面的建设。要加强与高校管理人员以及教师、学生,也就是最终用户的沟通;整合学校的软件研发技术力量,组建更加强大的技术开发团队,增加相关院系和部门的合作;量力而行,采取"自主开发"与"技术引进"相结合的方式,凭借学校自己力量能做到的自己做,不能做到的也不排斥引进专业软件公司的技术力量。总之,要通过多种方式和手段使软件的功能更完善,运行更稳定可靠,更智能化,更有决策支持能力。

二、完善数字化建设组织构建,突出顶层设计

任何一项重要工作的实施和推进,都要有完善的领导组织机构。高校教学管理数字化建设是关系学校教学和人才培养全局的系统性工程,不是单靠哪个部门就能独立完成的,需要全校上下各相关部门通力协作,二级院系积极贯彻,广大教学管理人员和教职工广泛参与。

在教学管理数字化建设中,要将这些方方面面的部门和人员有机组织起来,形成一个高效的信息化建设网络,就必须在学校领导层面突出顶层设计,作为引导教学管理信息化建设的领导核心,并在此基础上建立比较完善的领导组织架构,负责协调和处理教学管理数字化建设过程中的具体问题。

教学管理数字化建设突出学校领导层面的顶层设计,自上而下,是学校的决策意志强有力的体现,能够确保此项工作的顺利进行,可以在很大程度上减少将

[①] 洪剑锋,屈先蓉,杨芳.互联网时代下高校教育管理与评价创新[M].延吉:延边大学出版社,2021.

此项工作在本校各二级院系、各部门、教学管理科研队伍和在校广大中青年教职工中去推行贯彻的阻力。完善学校的组织机构，便于逐步明确学校各二级院系、各部门负责人在本校教学管理信息化系统建设中所应当承担的责任和任务，确保此项工作在职能部门之间、二级院系之间的横向协调，职能部门与二级院系之间的纵向协调，从运行机制上避免教学管理数字化建设实施过程中部门之间、院系之间的相互推诿。

学校领导层面的顶层设计和完善的领导组织架构，从机制上保障了教学管理数字化建设不是学校个别领导的决策行为，而是学校决策层共同研究的集体意志，保证了教学管理数字化建设在相当长一段时间内政策的连续性和完整性，有效避免了教学管理数字化的整体建设进程由于个别领导的更换而产生受阻的情况。[①]

三、加强宣传，促进广大教职员工广泛参与

教学管理数字化建设的最终目的是为高校教学管理人员、广大教职员工和学生服务，要达到理想的建设效果，除了要有各职能部门和二级院系的积极贯彻落实外，还依赖基层广大教职员工的广泛参与。

目前，由于广大教职员工仍然习惯于传统的管理模式和管理经验，在进行教学管理数字化建设过程中，对教学管理数字系统的使用接受需要一个心理认同和操作熟练的过程，因此往往对参与教学管理信息化建设的关注度不够，对新系统的使用动力不足，甚至表现出对教学管理信息化建设持有怀疑和抵触情绪。为应对这样的不利局面，各高校应该采用多种途径加强对教学管理数字化建设重要性的宣传力度，引起广大教职员工对数字化建设的重视，并集思广益，对广大教职员工关于教学管理信息化建设的意见和建议及时作出回应，让广大教职员工切实感受到学校对他们参与教学管理数字化建设的重视和尊重，使他们更乐意参与到教学管理数字化建设中。

一方面，各高校应该重视广大教职员工参与教学管理数字化建设中提出的意见和建议，并及时给予正面的回应。如在教学管理数字系统的试用推荐上，要及时根据广大教职员工的试用情况进行相应改进；系统正式投入使用后，也需要在运行、维护工作中不断听取广大教职员工的反馈意见，通过对系统及时的维护升

---

① 刘思延，张潍纤，郑莹. 高校教育教学管理实践与创新发展 [M]. 哈尔滨：哈尔滨出版社，2021.

级，改进完善系统的各项功能。①

另一方面，在宣传策略和宣传方法上，不能简单地仅靠下发一个文件或发布一个通知来完成，这种刻板冰冷的方式容易让广大教职工感受到是被迫参与教学管理数字化建设，宣传效果甚微，甚至会起反作用。各高校应当使用积极鼓励的引导政策，对在教学管理数字化建设中涌现的优秀典型教职员工给予适当鼓励和表彰，将优秀典型使用教学管理信息系统的良好感受进行宣传。通过以点带面，使广大教职员工充分了解教学管理信息化建设的目的，明白使用教学管理数字系统将给自身的工作、学习带来的便利，引导广大教职员工主动地参与到教学管理数字化建设中。

四、健全教学管理数字化相关配套制度

当前我国部分高校在教学管理数字化建设中对教学管理数字系统的创建研发投入了很大精力，但欠缺相关配套制度，造成了数字系统运行存在不规范使用的不良现象，损害了教学运行数据的真实有效性，影响了教学管理数字系统的运行成效。因此，在教学管理数字化建设中还要健全教学管理数字化相关配套制度。从教学管理数字系统运行的技术实施层面来看，要制定标准的系统运行数据信息编码规则，从而保证数据处理的统一性和规范性，避免因数据格式混乱、数据内容含糊不清影响数据统计分析。

五、缜密调研，创建合适的教学管理数字系统

教学管理数字系统的创建是一项既费时，又耗力且实施难度大的复杂工程，不是一朝一夕就能够完成的，因此对高校教学管理的数字化建设需慎重考虑，周密实施。为了确保数字管理系统的最终运行能适应学校的教学管理，并能切实产生积极良好的应用效果，避免数字系统创建过程中投入的人力、时间和资金的巨大浪费，必须在教学管理数字系统创建前期进行缜密调研，合理规划，切忌盲目投入。要进行教学管理数字系统创建前的缜密调查研究，一方面要对学校的办学定位、教学管理模式和管理流程进行准确的梳理和科学的总结，对学校的各种办学资源进行翔实的统计分析，做到对学校的整体概况了然于心。另一方面就教学管理数字系统软件平台的创建途径而言，由于我国只有少部分高校利用自行研发

---

① 郭晓雯.高校教育教学管理创新发展研究［M］.北京：北京工业大学出版社，2019.

的平台，而大多数高校都是外购商业软件系统，因此对于后者尤其要将现有商业软件系统的功能与学校的实际教学管理运行情况进行充分的比较测试，宁愿前期的调研时间长一点，也要尽量避免软件系统购置后与学校的实际管理情况不匹配的窘境发生。

各高校对人才培养目标的定位会随着国家、社会对人才需求的不断变化做出适当的调整，所以高校的教学管理不是一成不变的，而是一个发展的、前进的过程。因此，在创建教学管理数字系统时要有计划、有规划，虽然无法提前预知学校未来发展的具体情况，但对学校的办学规模、教学改革和教学管理流程调整的发展趋势进行必要的统筹考虑和合理规划是非常必要的。这可以在一定程度上避免因特殊情况发生，数字管理系统在短时间内面临重大修改或重新创建产生的巨大浪费，为维护教学管理数字系统保持长期稳定运行多了一份保障。

六、强化培训，提升教职员工数字化建设参与的能力

教职员工是高校教学管理数字化建设的主体，更是教学管理数字化建设的最终受益者。任何先进的教学管理数字系统最终要依靠广大教职员工积极正确地使用才能发挥它的功效，任何创新的教学管理制度也要靠他们主动规范地贯彻执行才能发挥作用，因此他们参与数字化建设的能力在很大程度上决定了教学管理数字化建设所能达到的高度。为解决广大教职员工参与数字化建设能力还较弱的状况，必须加强对教职员工数字技术应用技能和信息素养方面的培训。

首先，就当前高校教育及管理部门人员情况而言，这支队伍既包括学校教学管理职能部门的工作人员，又包括各基层教学单位的教学管理人员。他们无疑既是推进教学管理数字化建设改革的中坚力量，更是共享教育管理信息化建设改革成果的直接受益者。教学管理数字化建设也对现代教学及管理专业队伍的信息化专业综合素质提出了全新的要求，这支队伍的信息技术技能知识和综合数字素养的高低以及自身发展过程的动态稳定性，将直接影响教学管理数字化建设和数字化校园建设的实际成效。应加强对教学管理队伍信息技能和信息素养的培训，突出强化教学管理人员对信息化管理的适应能力，使他们能熟练地应用信息技术处理各种复杂的教学管理事务。高校的教学管理工作不仅复杂，而且头绪众多，一个教学管理人员要想胜任教学管理工作，就必须经过较长时间的工作实践。任何队伍的建设，都免不了有人员的变动，教学管理队伍人员的正常发展和变动也是不可避免的，但教学管理数字化的建设需要一批信息素养良好、信息应用技能水

平较高，同时具有实际教学管理经验的人才，因此维护教学管理队伍总体信息化综合素质的稳定发展是非常必要的。而要想维护教学管理队伍的稳定，只有依靠对教学管理人员的不断强化培训才能实现。

其次，就高校普通的师资队伍而言，其信息技术应用能力和数字素养的高低会对教学管理数字化建设的成效产生重要影响。由于现阶段绝大多数高校的办学规模都在显著扩建，因此师资队伍也相应逐渐变大，部分老教师还难以适应新的数字化的教学管理环境，为此要开展全员数字化教学培训。一方面，对信息技术应用水平较低的部分教师，有针对性地开展形式多样和教师喜闻乐见的信息技能使用培训，努力提升他们使用教学管理数字系统处理各种教学事宜的能力；另一方面，使部分受传统教育思想、教育观念影响较深的教师尽快接受现代教育教学思想，强化他们树立数字化教育理念，尽力弥补他们在信息素养上面的欠缺，培养他们在教学工作中自觉使用教学管理数字系统的习惯。通过对广大教职员工信息素养和信息技术应用技能方面的培训，提升他们参与教学管理数字化的建设能力，进而确保教学管理数字化建设成效的全面推行，把教学管理数字化实施到位。

七、以人为本，突出数字化服务

高校实行教学管理数字化建设的目的是要实现高校教学管理的现代化、科学化，提高教学管理水平和教学服务质量。由于教学管理信息化建设的管理对象与服务对象都是人，因此，人是高校教学管理数字化建设的出发点和回归点。当前我国部分高校在进行教学管理数字化建设时，过多地注重实现教学的管理职能，而对教学管理数字化建设的服务职能重视不够，导致教学管理数字化建设的受益面往往集中在教学管理方面，教学管理数字化建设层次不高。为破解这个不利局面，应当将"坚持以人为本"的核心思想充分落实到高校教学管理信息化建设中，转变职能，突出服务。

在高校教学管理数字化建设中秉持"以人为本"，充分肯定广大教师、学生和教学管理人员的主体地位和自主价值，既要解决教学管理人员在教学管理过程中遇到的种种问题，又要确保高校最广大的群体即普通教师和学生能够从教学管理数字化建设中得到更多切实的信息化、人性化优质服务。在教学管理数字系统功能的设计定位上，一方面要考虑设计面向解决诸如教学计划管理、教学任务下达、课表编排、考试安排、学籍学历管理、成绩管理、网上教学评价、网上选课等管理问题的系统功能；另一方面要更多听取广大教师和学生的意见，尊重教师的地位，体现教师的价值，在系统功能设计上，为教师多设计一些信息化教学资源的管理共享交流平台，引入诸如大型公开在线课程项目和类似模块化面向对象动态学习环境的在线学习开发平台，为学生多考虑设计一些人性化、便利的自助学业事务办理功能。将教学管理数字信息系统的功能进行衍生，从原来单一的"管理"系统变成"管理和服务"系统。[①]

同时，制定教学管理数字化配套制度，充分考虑广大教师和学生的切身感受，该下放的权限要坚决下放，不该约束的坚决不约束，摒弃传统的教学管理制度中不合理、不科学的死板僵硬规定，将人性化的思想贯穿于信息化配套制度制定的全过程。转变教学管理部门的工作职责，一方面在实现管理目标的过程中提供优质的教学服务，另一方面以提高教学服务水平为目的促进教学管理水平的提高。

第四节　高校教学管理数字化的延伸发展

高校教育管理工作是高等院校基础性工作，对高校的教学质量和管理水平具有重要影响。而在新媒体时代，网络信息技术广泛运用也给当下的教学管理带来了更多的挑战和机遇。近年来，计算机多媒体和计算机网络具有人机交互功能，集声像、语言、图片和色彩等多方位教学手段于一体，带来了整个教学过程的巨大变化，这些新型数字技术以信息丰富、传递便捷、交互性强的特点，大大改变了传统的教学模式和学习方式。

一、新媒体的界定及其传播特点

（一）新媒体的界定

新媒体是相对于传统媒体（报刊、广播、电视等）而言发展起来的新的媒体

---

① 孙连京. 高校教学管理理论与实践 [M]. 南昌：江西高校出版社，2019.

形态，是利用数字技术、移动技术、网络技术，通过互联网、无线通信网、有线网络等渠道，以电脑、手机、数字电视机等为终端，向用户提供信息和娱乐的传播形态和媒体形态。

（二）新媒体传播的特点

与传统媒体相比，新媒体的传播有很多新的特点。

第一，新媒体传播走向了分众传播，实现了"个性化"和"一对一"的传播，根据特定媒体受众群需求而制定满足其使用的传播策略以及传播方式。

第二，新媒体传播是一种多媒体的全传播，基于网络的新媒体运用文字、图片、声音、视频等手段，全方位、多角度地为用户呈现事物原貌。

第三，新媒体传播是一种渗透式传播，它突破了时空界限，用户可通过手机、楼宇电视等无处不在的新媒体，随时实现传播功能。

第四，新媒体传播具有高科技的特性，无论是手机还是数字电视，新媒体的传播都离不开技术的支持，这样的特性也决定了用户必须具有相应的工具使用能力。

第五，新媒体传播具有很强的交互性，反馈迅速、及时，受众观点可多元化呈现。

二、高校新媒体教学环境构建与管理

随着现代数字信息技术在教育领域的应用，多媒体教学环境——多媒体教室的建设在高校飞速发展。多媒体教室的建立不仅提高了教学质量和教学效果，同时为传统教学模式提供了新的教学平台。如何安全、合理、充分、科学地构建、管理多媒体教室，满足多媒体教学需求，保障多媒体教学的正常进行是当前教学管理部门亟待研究和解决的问题。

（一）多媒体教室构建的原则

1. 实用性

实用有效是其主要的构建目标，只有操作简单、切换自如、效果良好，才能最大限度地发挥设备的效益。

2. 可靠性

人机安全、设备的长期稳定运行等要点是系统构建方案的首要设计原则，以保证系统在运行期间，为用户执行安全防范和高质量服务管理提供有效的技术支持手段，为用户降低系统运行方面的人工和资金成本。

3. 兼容性

对不同厂家、不同型号的同类设备应具备兼容性。

4. 先进性

设备的选型要适应技术发展的方向，特别是中央控制软件要充分体现整个系统的先进性。

5. 扩展性

多媒体教室能否和互联网相连，能否调用教室外教学资源是多媒体教室可扩展性的首要标准。

6. 安全性

考虑到多媒体教室的多用性，即在非教学时间让学生使用教室的设备，操作台应根据设备规格定制并兼顾防盗、防火的功能。

7. 便捷性

改变以往教师上、下课开关设备的烦琐问题，采用一键关机或远程控制关机，方便教师操作。

8. 经济性

从学校教学管理的实际需求出发，摒弃一切学校不需要的华而不实的东西，系统设计和设备选型应注重功能实用，降低总体成本，求得先进性与经济性的完美统一，做到设备性能好、性价比高。

(二) 多媒体教室的构建

多媒体教室的构建应根据构建原则，科学、合理地选择设备。设计多媒体操作台，根据学科需要及拟建多媒体教室的位置、座位数量、形状、大小，相对集中地构建多媒体教室。根据管理方式，可分为单机型和网络管理型多媒体教室。

1. 单机型多媒体教室的构建

单机型适合多媒体教室相对分散的区域，或是对设备要求较简单的部分学科的多媒体教学。单机型多媒体教室在构建中应根据多媒体教学特点采取优化措施，不使用录像机、DVD、展示台、卡座等不常用或多余设备，使整个系统功能简约，利于教学与管理。

(1) 电子书写屏

电子书写屏的使用省去了显示器，并替代了传统书写功能的黑板。其主要功能为同屏操作、同屏显示、风格各异书写笔、自动排版、文书批改、手写识别、动态标注、后期处理等。电子书写屏的使用可有效避免多媒体教室设备因使用粉笔灰尘过多而导致的设备故障，尤其是投影机因灰尘过多而频繁保护停机以及液晶投影机的液晶板因灰尘过多产生物理性损伤。同时，为教师提供洁净的教学环境，有益于教师身心健康。

（2）中央控制器

采用具有手动调节延时功能的中央控制器，设定时间控制投影机、功放、投影幕布、计算机等设备的开关，保证投影机散热充分，延长投影机灯泡和液晶板的使用寿命，并防止多个设备同时通电和断电时对设备的损坏。

（3）投影机

根据多媒体教室的大小配置不同亮度和对比度的品牌液晶投影机，一般情况下，亮度和对比度越高投影机价格越高。因多媒体教室的后期耗材消费主要是投影灯泡，品牌投影机的选用将有效避免投影灯泡购置的困难，保证设备质量。

（4）扩音系统

扩音系统的配置需根据多媒体教室的大小、形状及教学声音环境要求进行选择，应选用无线话筒，利于教师在教学时方便表现其形体语言。目前使用的扩音设备有两类：壁挂式和组合式，两者都具备线路输入功能，能满足相应音源的扩音需要。有的学校多媒体教室使用移频增音器，可以让教师在短距离内脱离了话筒的束缚，但过多地衰减了低频和高频，且扩音效果也不尽如人意。

（5）操作台

操作台应根据设备规格科学合理地设计定制，满足使用的方便性（如教学需用设备接口的安装），并兼顾防盗性。操作台门锁采用电控锁，通过中央控制器实现一键开、关机，即一开即用、一关即走，极大地方便了教师的使用。

2. 网络管理型多媒体教室的构建

网络管理型多媒体教室适合于多媒体教室相对集中的区域，根据各学科需要构建功能不同的多媒体教室。该配置与单机型多媒体教室配置的不同在于其采用网络中央控制系统，操作可采用网络远程控制和本地控制，增加了监控系统。其相关功能如下：

（1）中控系统

网络管理型多媒体教室采用的是网络中央控制系统，包含教室网络中控和总控软件。该系统具有集成度高、接口丰富、功能强大的特点。内嵌网络接口，采用 TCP/IP 技术，可通过校园网互联，实现远程集中控制。此外，该系统还具备网络、软件、手动面板三种控制方式选择，具备延时功能，防止通断电时对设备的损坏。

（2）操作台

操作台与单机型多媒体教室操作台一样也根据设备规格合理地设计定制，满足使用的方便性，并兼顾防盗性。操作台门锁的开启可通过网络远程控制，也可本地操作，即与中控系统联动的控制锁同时也是操作台的门锁。多种设备联动实现系统的一键开、关机，即一开即用、一关即走，方便使用。

（3）监控点播系统

监控系统的使用利于管理人员远程掌握教学动态，通过相关控制软件使得教师所用计算机屏幕内容与上课音视频同步录制，通过该系统实现即时点播和转播功能。

（4）对讲系统

对讲系统的使用有利于及时发现、解决问题。目前对讲实现方式有多种，如双工对讲系统、半双工对讲系统、电话方式对讲系统、网络 IP 电话方式对讲系统等。

（三）多媒体教室的管理

目前高校教学基本建设不断发展，多媒体教室不断增加，只有不断完善多媒体教室的管理才能保证多媒体教学的正常进行。

1. 管理制度建设

随着教育技术与课程整合的不断深入，教师使用多媒体教室的需求不断增多，教师的教育技术水平参差不齐，因而结合实际制定相应管理制度，规范多媒体教学日显重要。制定管理制度时应考虑以下几点：

第一，多媒体教室设备使用应提前预约，统一安排。

第二，教师须按操作规程操作平台，不得私自移动设备和接线，无关人员不得操作多媒体设备。

第三，不得在计算机内设互补金属氧化物半导体密码和开机密码、修改和删除原有参数和应用软件。

第四，课间休息应关闭投影机电源，以便提高投影机使用效率。

第五，课后教师应按操作规程退出系统。

第六，课后教师应填写使用登记表。

2. 管理系统建设

管理系统建设分为多媒体教室教学管理系统和多媒体教室网络控制管理系统。教学管理应由人工安排多媒体教室逐步过渡到网上预约，通过开发适合本校实际的多媒体教学管理系统，采取智能化预约，提高多媒体教学的管理效率。

多媒体教室网络控制管理是指通过该系统可在主控室内控制多媒体教室内的相关设备，实现设定功能，并能实时与任课教师交流，保障教学正常进行。多媒体教室网络控制管理系统的实施将反映问题和解决问题变得更加快捷。管理上的方便、直接和高效，解决了多媒体教室数量增加后的管理复杂、人员紧张等难题。[1] 目前国内生产多媒体教室网络控制管理系统的厂家较多，应根据教学实际多方论证，选择适合本校的多媒体教学的系统。

3. 管理人员建设

必须重视和加强管理技术队伍的培养，同时加强多媒体教室的硬件设施。在保障多媒体教学顺利进行，促进教育技术与课程融合方面，多媒体教室管理技术队伍是多媒体教室建设的支柱。高校各学科教师对多媒体技术的熟练程度各不相同，因而管理人员需要承担的任务不仅是多媒体教室的建设与管理，还应根据教师的需要对其进行多媒体技术培训，以更好地促进教学工作的开展并服务于广大教师。

在人员建设方面，应逐步引进高学历、高层次人才充实到管理技术队伍中来，改善队伍知识结构。要对现有技术人员制订培训计划，定期安排到国内名校进修，特别重视新技术的学习与消化，提高其业务水平和实践技能，以适应技术的发展和多媒体教学的需要。重视和发挥管理技术队伍的作用，用好人才，积极创造条件，调动人员的工作积极性。加强考核，建立人员考评制度，提高队伍的整体素质，造就一支业务水平高、奉献精神强、富有团结协作精神的管理技术队伍，使其为学校教学科研工作做出积极贡献。只有不断优化结构，提高素质，建设高水平管理技术队伍，才能充分发挥现代信息技术的作用。同时，通过多媒体教室的构建，在实践中积累经验，完善多媒体教室建设，更好地为教学服务。

4. 管理方式建设

多媒体教室使用人员广，操作水平参差不齐，使用频率高。应根据不同配

---

[1] 刘鑫军, 孙亚东. 互联网时代高校教育管理模式改革与实践研究 [M]. 长春: 吉林人民出版社, 2021.

置，采用相应的管理方式，这对优化管理资源显得极其重要。

（1）自助式管理

自助式管理是指教师掌握多媒体技术及设备操作规程后，对多媒体设备实行自我管理。依据多媒体教室的设备情况，每学期初对教师分别进行技术培训，内容为多媒体教室使用操作规范、规章制度以及多媒体基础知识等，培训结束后对其颁发相应的资格证书。及时进行现场跟踪，了解教师的操作能力，如确有必要可有针对性地进一步进行培训。对能独立操作的教师核发独立操作证书，并对其使用教室采用自助式管理，上课前到规定地点领取相关钥匙即可，设备的开关由教师自行操作。在自助式管理过程中，管理人员应加强对多媒体设备的课后维护，对每次检查结果及时登记备案，发现问题及时解决，保证设备正常运行。自助式管理适合于相对分散、无法或不适合安装管理系统的多媒体教室。该措施的实施能有效缓解管理人员紧张的局面，当然，这需要相关职能部门的配套支持。

（2）服务式管理

服务式管理是指教师在上课前5至10分钟，无需亲自操作设备开关，由学校网管系统自动统一开启包括投影仪、电脑、展示台在内的教室多媒体教学设备，教师能直接对设备进行操作。在课程结束后，管理人员对设备的使用情况进行全程监控，并通过监控系统对设备状态进行检查，对设备及操作台进行关闭。在管理过程中，加强设备管理，加大巡查力度，做好记录，及时掌握设备使用情况，对投影机灯泡使用时间进行监控，定期对电脑系统进行还原。无论是服务式管理还是自助式管理，都需要加强设备管理。此举在彰显管理为教学服务理念的同时，大大方便了教师的使用，提高了教学效率。多媒体教室的建设与管理是实现多媒体高效教学的基础保障。管理者需要不断在实践中摸索，不断完善以教学为中心的管理机制，以技术和课程有机结合促进多媒体教学的顺利进行。

三、数字化背景下高校教学管理的创新路径

（一）创新教育管理理念和观念

要想对教学管理机制和制度建设进行创新，就需要改变管理理念，创新观念。第一，要树立创新意识。教育管理者应该与时俱进更新管理理念，分析过时教育理念的弊端，从内心深处转变教育理念，保持接受新事物、适应新时代的心态和精神。同时，要积极学习新媒体时代的新思想、新精神，在高校教育管理改

革和创新上树立坚定的方向和目标。第二，要具备坚定的意志和决心，要有为教育制度的改革和创新不断奋斗的恒心。此外，还要具备良好的心理素质和不畏艰险的品质，时刻保持为教学管理创新的奋斗精神。第三，管理者要顺应时代的发展，积极学习新的信息技术，特别是新的管理平台和系统，不断锻炼自身的科学思维能力，适应时代的发展要求。

(二) 通过课堂开发为学生创造良好的发展空间

高校教学管理创新改革主要是为了给学生提供更加优良的学习环境和锻炼机会，帮助学生掌握更多的知识技能。为了达到这个目的，首先就要进行课堂改革。课堂教学应坚持"以人为本"的教学理念，给学生提供充分的自主时间和发展空间，以此激发学生的创造力和想象力。例如，可以提倡课堂开放式的理念，多引进网络信息技术支持的教学手段，扩大学生学习和教师教学的范围和选择性，在保证教师和教课内容充分稳定的情况下，通过数字技术的融合扩充学习内容，学生可以在完成专业学科任务的前提下，根据自己的兴趣爱好选择课堂去学习，扩大知识面，帮助学生学习更适合自己或者更感兴趣的知识。

(三) 对高校教育管理的内容进行创新

要推动高校教学管理的创新和改革，就要以科学的、先进的管理理念为基础，不断对高校教育管理的内容进行创新和改革，包括日常教学、实习训练、教学评价和反馈、学生管理以及师资管理。在教学评价和反馈制度上，一般高校是采用学年学分或者完全学分制对学生的学习效果进行评价，但这种评价方式比较单一，不利于学生综合素质的培养。因此，在评价体系上可以增添更多创新内容，如，学生在学校活动上的创意思维、优良表现，在实验竞赛上的突出表现以及自发组织有意义的活动行为，甚至是脱离校园以外的成就等，都可以纳入学生的评价体系中。建立校园网络评价的平台和系统，展示更多优秀学生的成果和表现，通过信息推送、微信公众号等平台的推广，激励更多学生不断进步。当然，教育管理内容包含了许多方面，并不能一蹴而就，这需要管理者不断进行探索和实践，探索出与本校实际教育情况相适应的改革创新之路。

(四) 引进先进的科学管理方法

新媒体时代，科学技术被应用到多个行业中，无论是企业的发展，还是设备的生产，或是管理模式的改革，都需要借助先进的科学技术来提升效率和水平。高校教学的目的是帮助国家培养更多适应新兴技术产业的科技人才，所以在管理方法上也不能缺少先进科学技术的帮助。①

　　新型的电子化、智能化、数字化和信息化管理手段能够为高校教学管理机制和制度建设的创新改革提供必要的实施条件。如利用智能化和数据化的特点不仅可以创建更加准确公平的评价系统，实现信息的共享，还能对高校专业学科的教学状况进行及时审核和考察，为管理者提供准确的数据。先进的科学管理方法能够使高校的教育管理更加精准并及时完善管理工作，极大地提高了管理效率和管理水平。

---

① 奉中华，张巍，仲心．大学生教育管理的创新与实践研究［M］．长春：吉林人民出版社，2021．

第 三 章
数字化在学生管理中的应用

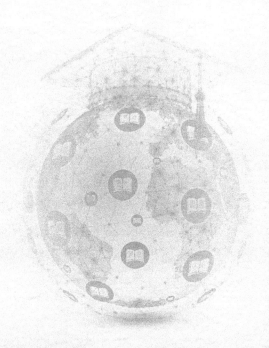

第一节 大学生管理的内涵与价值

一、大学生管理的内涵

研究大学生管理，首先就要明确其内涵。而要全面、深入地把握大学生管理的内涵，就要弄清大学生管理的含义，了解大学生管理的特点。

（一）大学生管理的含义

管理，就其字面意义而言，就是管辖、处理的意思。管理的涉及面极其广泛，人们往往按照某种需要、从某种角度来看待和谈论管理，因此，对管理也就形成了多种不同的解释。即使是在管理学界，对管理也有多种不同的定义。有的从管理职能和过程的角度，认为管理是由计划、指挥、组织、协调和控制等职能为要素组成的过程；有的强调管理的协调作用，认为管理是在某一组织中，为完成目标而从事的对人与物质资源的协调活动；有的突出组织中的人际关系和人的行为，认为管理就是协调人际关系，激发人的积极性，以达到共同目标的一种活动；有的从决策在管理中的重要地位的角度出发，认为管理就是决策；有的从系统论的角度出发，认为管理就是根据一个系统所固有的客观规律，再次施加影响于这个系统，从而使这个系统呈现一种新的状态的过程。这些不同的定义，从各个不同的角度揭示了管理活动的特性。

（二）大学生管理的特点

大学生管理作为高校为实现人才培养目标而为大学生提供的引导与服务，有其自身显著的特点。

1. 突出的教育功能

大学生管理是高校人才培养工作的重要组成部分，因此，大学生管理既具有管理的属性，又具有教育的属性，有着突出的教育功能。

（1）大学生管理的目标服从和服务于大学生教育的目标

大学生是为了接受大学教育而跨进大学之门的，大学生管理则是高校为实现对大学生教育的目标，促进学生圆满完成大学学业而实施的特殊管理活动，因此，大学生管理的目标必然服从和服务于大学生教育的目标。一方面，大学生教育目标是制定大学生管理目标的基本依据。实际上，大学生管理目标也就是大学生教育目标在大学生管理活动中的贯彻和体现，是其在大学生管理领域的分目标，离开了教育目标，大学生管理也就偏离了方向。另一方面，大学生教育目标的实现有待于大学生管理目标的实现。大学生管理是实现大学生教育目标的重要手段，只有通过有效的管理，建立和保持正常的教育教学和生活秩序，充分调动大学生学习的积极性和主动性，为大学生提供各种必要的指导和服务，才能保证学校教育教学活动的顺利进行和学生的健康成长。没有有效的大学生管理，教育目标也就不可能实现。

（2）教育方法在大学生管理方法体系中具有突出的作用

教育方法是包括大学生管理在内的现代管理活动中最经常、最广泛使用的一种基本手段。这是因为，一切管理活动都离不开人，而人是有思想的，人的活动总是由一定的思想意识所支配。因此，任何管理活动都要坚持思想领先的原则，注意做好人的思想工作，通过影响人的思想去引导和制约人的活动。

（3）大学生管理过程同时也是教育大学生的过程

高校是教育和培养专门人才的场所，高校的一切工作都应当对学生起到良好的教育和影响作用。直接面向大学生所实施的大学生管理工作，当然更是如此。事实上，在大学生管理过程中包含着十分丰富的教育因素。大学生管理过程中所贯彻的以人为本、民主法治、公正和谐的理念，所体现的从学校和学生的实际出发、遵循教育规律和管理规律、实事求是的科学精神，所采用的民主管理、依法管理、科学管理的方法等都会对学生起到潜移默化的影响。大学生管理过程中所实行的依据大学生成长成才的规律和要求制定的各项规章制度，都会对大学生起到思想导向、动机激励和行为规范的作用。大学生管理过程中管理人员的情感、态度和言行也会对大学生起到表率和示范作用。可见，大学生管理的过程同时也是教育学生的过程，并直接影响着大学生思想品德的形成与发展。

2. 鲜明的价值导向

大学生管理总是为一定社会培养人才提供服务的，大学生管理的目的、管理体制和管理形式总是受到社会的经济基础和政治制度的制约。因此，大学生管理必然具有鲜明的价值导向，它总是贯穿并体现着一定社会的主导价值体系，并直接影响着大学生价值观的形成、变化与发展。我国的高校是为社会主义建设事业培养专门人才的场所，这就决定了我国的大学生管理必然要坚持社会主义的价值导向。

3. 复杂的系统工程

同任何管理活动一样，大学生管理也是一项系统工程，具有整体性、层次性、动态性和开放性的特点。同时，大学生管理又有其特殊的复杂性，因此是一项十分复杂的系统工程。

（1）大学生管理的任务是复杂的

既要紧紧围绕大学生的中心任务，加强对学生学习行为和实践活动的管理和引导，又要切实为大学生的健康成长着想，加强对学生日常行为包括交往行为、消费行为、网络行为的管理和引导，及时发现、校正和妥善处理学生的异常行为；既要加强对大学生现实群体包括学生班级、学生党团组织、学生社团和学生生活园区的管理和引导，又要适应网络时代的新情况，加强对大学生以网络为平台形成的虚拟群体的管理和引导；既要对大学生在校园内的安全加强管理和引导，又要为大学生在校外的安全提供必要的指导和督促；既要引导新生科学制定职业生涯规划，明确努力的具体目标，又要为毕业生提供就业、创业指导和服务，使学生能够在合适的岗位上施展自己的身手、实现自身的价值。总之，大学生管理渗透于大学生专业学习和日常生活的各方面，贯穿于大学生培养工作的所有环节和全部过程，其任务是复杂而又艰巨的。

（2）大学生是具有明显差异和鲜明个性的

大学生管理的对象是大学生，而大学生有着显著的差异和鲜明的个性。他们各有其特殊的精神世界和思想感情，有着不同的气质、性格、兴趣、爱好和习惯。即使是同一个年级、专业、班级的学生，由于他们各有其特殊的生活条件和生活经历，他们的思想行为也各有其特点。同时，随着自主意识的增强，大学生普遍崇尚个性，追求个性的自由发展和完善。对同一学生而言，在其成长变化不同的历史时期也会有着不同的特点。因此，大学生管理不能按照完全统一的要求、规格和程序来进行，而要善于根据大学生的个性特点，因人制宜，因势利导，有针对性地开展工作。

（3）影响大学生成长的因素是复杂的

大学生管理的目的是要促进大学生的健康成长，而影响大学生成长的，不仅有学校教育因素，还有外部环境因素。外部环境的构成因素是复杂的。现实世界中，所有与大学生的学习、生活、活动和交往有关的环境因素，都会或多或少地对大学生的成长发生影响。其中，有社会的因素，也有自然的因素；有物质的因素，也有精神的因素；有经济的、政治的因素，也有文化的因素；有国际的、国内的因素，也有家庭的、学校及周边社区的因素；有现实的因素，也有历史的因素。尤其是随着现代信息技术的迅猛发展，世界越来越紧密地联系在一起，大学生可以方便快捷地获取来自世界各地的信息，因此，影响大学生思想行为及其成长的环境因素也就更为广泛，更为复杂。同时，外部环境对大学生的影响也是复杂的。一是其影响的性质具有多重性。其中，有积极影响，也有消极影响，二者往往交织在一起，同时发生作用。同样的环境因素相对于不同的大学生可能会发生不同性质的影响。例如，富裕的家庭经济条件对许多大学生而言是顺利完成学业的有利条件，但对有的大学生来说则成为铺张浪费、过度消费甚至不思进取、荒废学业的重要原因。二是其影响的方式具有多样性。有直接的影响，也有间接的影响；有显性的影响，也有隐性的影响；有通过对大学生思想情感的熏陶发生作用的，也有通过对大学生行为的约束发生作用的。凡此种种，不一而足。因此，在大学生管理过程中，管理者不仅要善于对大学生的学习和生活进行正确的指导，而且要善于正确认识和有效调控各种环境因素对大学生的影响，尽可能充分利用其对大学生的积极影响，防止、抵御和转化其消极影响。显然，这是一项十分复杂的工作。

4. 显著的专业特色

大学生管理传统上是经验性的事务型工作，但由于大学生管理有其特殊的管理对象、特殊的内在规律和特有的方法体系，决定了高校必须形成大学生管理专业视角，使用专业方法，形成专业研究模式。因此，大学生工作管理是一项专业性很强的工作。

（1）大学生管理有其特殊的管理对象

一是大学生具有强烈的自主意识、突出的独立意向和较高的智力发展水平，崇尚独立思考，要求自主自治。在大学生管理过程中，大学生不仅仅是接受管理的对象，也是积极活动的主体。对于管理的要求和规章，对于管理者施加的指导和督促，他们总要经过自己的思考，做出自己的评价、选择和反映。更重要的，他们还会积极主动地参与到管理活动中来，自觉地接受管理和实行自我管理。这就要求在大学生管理中必须着力激发和引导大学生的自觉能动性，使他们能够自觉地顺应大学生管理的目标和要求，主动接受管理，积极开展自我管理。二是大学生正处于成长和发展关键时期。他们的心理日趋成熟但尚未完全成熟，智力迅速发展，情感日益丰富，自我意识显著增强，但又存在着诸如理智与情绪的矛盾、自我期望与自身能力的矛盾等心理矛盾。他们正处于思考、探索和选择之中，世界观、人生观和价值观正在形成，思想活动具有显著的独立性、多变性、敏感性、差异性和矛盾性。他们即将走入社会，正在做进入职场、全面参与社会劳动实践的最后准备。可见，大学生有着既不同于少年儿童、又区别于成人的特点。同时，也正由于大学生还处于趋向成熟的过程之中，因此在他们身上又蕴藏着各方面发展的极大的可能性，有着发展的巨大潜力。这就要求在大学生管理中，要针对大学生的特点，切实加强并科学实施对大学生的指导和服务，以促进他们的健康成长，并使他们的身心获得最佳的发展。三是大学生是以学习为主要任务，并在教师的指导下进行自主学习的人。大学生的主要职责是学习，大学生的学习是由教师指导的，并按照一定的制度和规定有目的、有计划、有组织地进行的。同时，大学生可以按照学校的有关规定自主地选修课程，自主地支配大量的课外学习时间。因此，大学生的学习不仅需要掌握科学的学习方法，而且需要高度的学习自觉性和有效的自我管理。这就要求大学生管理紧紧围绕大学生的学习任务，切实加强对大学生学习行为的指导和管理。

（2）大学生管理有其特殊的内在规律

大学生管理的内在规律是由大学生管理自身的特殊矛盾决定的。大学生管理的特殊矛盾就是社会基于对专门人才的需要而对大学生在行为方面的要求与大学生行为实际状况之间的矛盾。这一矛盾存在于一切大学生管理的活动之中，贯穿于一切大学生管理过程的始终，决定着大学生管理的全局。它构成了大学生管理的基本矛盾，也是大学生管理区别于其他社会实践活动的特殊矛盾。大学生管理就是为解决这一矛盾而专门进行的特殊社会实践活动。因此，大学生管理作为一种管理活动，固然要遵循管理的一般规律，但又有其区别于其他管理活动的特殊规律。大学生管理作为一种人才培养的手段，固然要遵循教育的一般规律，但又有其区别于其他教育活动的特殊规律。这就需要对大学生管理的特殊规律进行专门的探索和研究，而大学生管理理论研究的任务，就是要揭示大学生管理的特殊规律。

（3）大学生管理有其特有的方法体系

大学生管理所具有的特定的管理对象和特殊的管理规律，决定了大学生管理有其特有的方法体系。由于大学生管理工作涉及面极其广泛，具有很强的综合性，因此需要掌握管理学、心理学、教育学、社会学等多方面的理论方法和技术。但大学生管理的方法体系又不是这些学科方法和技术的简单拼凑和机械相加,而是需要在系统掌握这些学科理论、方法和技术的基础上,针对大学生的特点,依据大学生管理的特殊规律和具体实际,把它们有机地结合起来加以综合运用,从而形成自己特有的方法体系。①

二、大学生管理的价值

大学生管理对社会进步,高校发展和大学生成长、成才都有着重要的意义和价值。全面认识大学生管理的价值,是大学生管理研究的重要课题,也是切实加强和改进大学生管理的重要思想基础。

(一)大学生管理价值概述

大学生管理的价值是指大学生管理对于社会、高校和大学生所具有的作用和意义,也就是大学生管理的属性和功能对社会进步、高校发展和大学生成长、成才需要的满足。大学生管理价值的客体是大学生管理本身。大学生管理具有能够对大学生的成长和发展、对高校实现教育目标、对培养社会合格人才发挥作用的属性与功能。正是大学生管理的这些属性和功能构成了大学生管理价值的基础。大学生管理价值的主体是社会、高校和大学生。高校是大学生管理的实施者。高校之所以要实施大学生管理,根源于实现教育目标的需要,而大学生管理则具有能够满足这种需要的属性和功能。因此,高校也就成为大学生管理价值的主体。同时,高校的教育目标又是依据社会对专门人才的要求和大学生自身发展的需要制定的,因此,社会和大学生也就都成为大学生管理的主体。大学生管理价值所体现的也就是大学生管理的属性和功能对社会、高校和大学生需要的满足关系。

(二)大学生管理的社会价值

大学生管理的社会价值是指大学生管理对社会运行与发展的作用和意义,即大学生管理的属性和功能对社会运行与发展需要的满足。大学生管理的社会价值集中表现在它是培养中国特色社会主义建设合格人才的重要手段,是构建社会主义和谐社会的内在要求。

1. 培养合格人才的重要手段

中国特色社会主义事业的发展需要数以千万计的专门人才和一大批拔尖创新人才,也需要数以亿计的高素质劳动者。高校是人才培养的重要基地,其中

---

① 奉中华,张巍,仲心.大学生教育管理的创新与实践研究[M].长春:吉林人民出版社,2021.

心任务就是要为中国特色社会主义建设培养合格的专门人才。而大学生管理则是高校人才培养工作的重要手段，在培养合格人才中发挥着不可或缺的重要作用。

（1）维护正常的教育教学秩序

高校的教育教学活动总是按照一定的制度和规章有目的、有计划、有组织地进行的，高校教育教学工作的内在要求和基本条件就是建立和维护正常的教育教学秩序。这就需要严格的、科学的管理，其中就包括大学生管理。大学生管理在维持高校教育教学秩序中具有特殊的重要作用。在大学生管理中，实行严格的学籍管理，按照一定的制度和规定，有序地做好有关学生入学与注册、课程和各种教育环节的考核与成绩记载、转专业与转学、休学与复学、退学、毕业与结业等各项工作，是建立正常的教育教学秩序的基础。实施系统的学习管理，引导学生明确学习目的，提高学习的主动性和自觉性，规范学生的学习行为，督促学生自觉遵守学习纪律和考试纪律，形成良好的学风，是建立正常的教育教学秩序的关键。加强对学生班级、学生社团等学生群体的管理，引导学生紧紧围绕学校的教育教学目标，有序地开展班级活动、社团活动和其他课余活动，是建立正常的教育教学秩序的重要条件。

（2）激励、指导和保障学生的学习行为

高校教育教学的过程是教师与学生双向互动、"教"与"学"辩证统一的过程，其中，"教"是主导，"学"是关键。学习是大学生的主要任务，是大学生能否成为合格人才的关键。而大学生管理则对大学生的学习行为起着重要的激励、引导和保障作用。大学生管理对学生学习行为的激励作用主要表现在：引导学生充分认识大学学习的个体价值和社会意义，明确学习目的，以激发学生的学习动机；运用颁发奖学金和授予荣誉称号等方式，表彰学业优秀的学生，以鼓励学生勤奋学习；把竞争机制引入学生的学习活动之中，围绕学生的专业学习，组织各种竞赛活动，以激发学生的学习热情。大学生管理对学生学习行为的指导作用主要表现在：指导新生了解大学阶段学习的特点和要求，促进他们尽快实现从被动性学习到自主性学习的方式转变；指导学生掌握科学的学习方法，养成良好的学习习惯，不断提高自主学习的能力和效率；指导学生根据社会需求和自身实际制定职业生涯规划，确定自己的职业生涯发展方向，从而明确学习的目标；指导学生积极开展社会实践活动和工作，注重在实践中加深对专业理论知识的理解，在实践中提高自己的专业技能。

(3) 培养学生的思想品德

中国特色社会主义建设所需要的合格人才不仅要具备良好的专业知识和能力素养，还要具备良好的思想品德。所谓思想品德是指人在一定的思想体系指导下，按照社会的言行规范行动时，表现在个人身上的相对稳定的特征。它是以心理因素为基础的思想与行为的统一体。培养大学生良好的思想品德，不仅需要深入细致的思想政治教育，还需要有效的管理。这是因为人们良好思想品德和行为习惯的形成，有一个由他律到自律的过程。大学生各方面还未成熟，发展尚未稳定，加之各个学生的思想基础不同，接受教育的主动性、积极性和自觉性也各不相同，因此，大学生自我管理、自我约束的能力尚有欠缺并存在差异。要帮助大学生提高自理、自律的水平，使他们能够自觉地遵循社会的思想规范、政治规范、道德规范和法纪规范，并形成良好的行为习惯，就必须在加强思想政治教育的同时，加强对大学生各方面的管理，注重大学生日常行为规范的训练。通过大学生管理，科学制定并严格执行各项规章制度，强化行为管理和纪律约束，使大学生的学习、交往等各方面的行为都能够按照一定的规范有序地进行，不仅有助于培养大学生良好的行为习惯，也可以为思想政治教育创造良好的环境条件，从而增强思想政治教育的效果。

2. 构建和谐社会的内在要求

实现社会和谐，始终是人类孜孜以求的社会理想，也是中国共产党和中国人民不懈奋斗的重要目标。社会和谐是中国特色社会主义的本质属性，构建社会主义和谐社会是发展中国特色社会主义的基本要求和重要保证。大学生管理作为对大学生这一特殊社会群体提供引导和服务的社会活动，在构建社会主义和谐社会中发挥着特有的重要作用，具有特殊的重要价值。

(1) 大学生管理是维护社会稳定、实现社会安定有序的重要保证

我们所要建设的社会主义和谐社会应该是民主法治、公平正义、诚实友爱、充满活力、安定有序、人与自然和谐共生的社会。安定有序是社会主义和谐社会的内在要求和重要特征，也是实现社会和谐的基本条件。社会稳定则是安定有序的基本内容和重要表现，也是改革、发展的前提。切实加强大学生管理，正确引导大学生的社会活动和政治行为，妥善解决大学生在学习、生活、交往和就业中碰到的各种矛盾和问题，及时处理大学生中发生的各种突发事件，以保持高校的稳定，对于维护社会稳定，实现社会安定有序具有特殊的重要意义。

（2）大学生管理是构建和谐校园的重要手段

高校是现代社会中不可或缺的重要社会组织，担负着培养人才、推进科技进步、传播先进文化的重要任务。构建和谐校园，是构建社会主义和谐社会题中应有之义，也是推进高校科学发展的内在要求。加强大学生管理，引导和组织大学生积极发挥在和谐校园建设中的主体作用，是构建和谐校园的重要保证。加强大学生管理，建立和完善学生参与民主管理的组织形式，引导、支持和组织学生依法参与学校的民主管理和实行自主管理，切实维护和保障学生在校期间享有的权利，引导和督促学生全面履行法律规定的义务，自觉遵守国家法律和学校管理制度，能够有力地推进高校的民主法治建设。加强大学生管理，妥善地协调学生与学校、学生与教师之间的关系，维护学生的正当利益，实事求是地评价学生的思想品德和学业成绩，公正地实施奖励和处分，正确地处理学生中的各种矛盾和问题，可以使公平正义在校园中得到弘扬。加强大学生管理，督促学生在学习考试、科学研究、人际交往和日常生活中坚持诚实守信，做到不作弊、不剽窃，引导学生尊敬师长，友爱同学，团结互助，才能在校园中形成诚信友爱的良好风气。通过大学生管理，充分调动学生的积极性和创造性，围绕专业学习，开展丰富多彩的社团活动和社会实践活动，鼓励、组织和支持学生开展科学研究、进行创造发明、尝试创业活动，才能使校园真正充满活力。通过大学生管理，建立和维护学校正常的教育教学秩序和生活秩序，加强学生的安全教育和管理，保障学生的身心健康，有效地预防和妥善地处理学生中的突发事件，努力建设平安校园，才能使校园实现安定有序。通过大学生管理，引导和督促学生自觉维护校园环境，倡导学生节约使用水、电等各种资源，才能使校园成为人与自然和谐共处的生态校园。[①]

（3）大学生管理是促进大学生集体和谐发展的重要手段

包括大学生党团组织、班级、学生会、社团等在内的大学生集体是大学生政治、学习和日常生活的基本组织形式，直接影响着大学生的思想和行为，是大学生思想政治教育和管理的重要载体。大学生集体的和谐发展，不仅直接关系着大学生个体的健康成长和全面发展，也直接关系着高校的和谐稳定和科学发展。大学生管理内在地包含着对大学生集体的管理，因此在促进大学生集体和谐发展中具有十分重要的作用。通过大学生管理，引导大学生集体自觉遵循学校的有关制

---

① 黎海楠，余封亮．高校学生管理与和谐校园［M］．长春：吉林出版集团股份有限公司，2021．

度和规定，紧紧围绕学校的人才培养目标和学生成长成才的需要，积极开展丰富多彩的集体活动，充分发挥自身在大学生自我教育、自我管理中的作用，从而促进大学生集体的发展与学校发展的和谐与统一。通过大学生管理，切实加强大学生集体的思想建设、组织建设、制度建设和作风建设，引导大学生增强集体意识，主动关心集体发展，积极参与集体活动，弘扬团结互助精神，不断增进同学友谊，注重相互沟通与交流，及时化解各类矛盾，可以促进各个大学生集体自身的和谐发展。通过大学生管理，引导大学生党团组织、学生会、班级、社团等各类大学生集体正确处理相互之间的关系，加强相互之间的沟通和协调，做到相互配合、相互支持，形成大学生自我教育、自我管理的合力，进而促进各类大学生集体的相互和谐与共同发展。

(三) 大学生管理的个体价值

大学生管理的个体价值是指大学生管理对大学生个体成长与发展的作用和意义，即大学生管理的属性和功能对大学生个体成长与发展需要的满足。大学生管理的个体价值主要表现在引导方向、激发动力、规范行为、完善人格和开发潜能等几个方面。

1. 引导方向

大学生管理具有突出的导向功能，对大学生的成长和发展起着重要的导向作用。大学生管理的导向作用，主要表现在以下三个方面：

(1) 引导政治方向

政治方向是政治立场、政治态度、政治观念、政治品质和政治信念的综合体，是人的素质中的首要因素，决定着人们思想和行为的基本倾向。中国共产党历来强调在人才培养中必须把坚定正确的政治方向放在第一位。引导大学生确立坚定正确的政治方向即坚持中国特色社会主义的方向，是高校一项极为重要而又十分紧迫的任务。要实现这一任务，首先要加强大学生思想政治教育，这是因为，大学生管理的社会属性决定了大学生管理必然具有鲜明的政治方向性且对学生的政治方向发挥引导作用。加强大学生管理，严格执行高校学生管理规定，引导和督促大学生自觉遵守高校学生行为准则，加强对大学生的行为尤其是政治行为的管理和指导，引导学生正确行使依法享有政治权利，及时纠正校园中出现的错误倾向，维护和保障校园的政治稳定和政治安全，对于引导大学生坚持坚定正确的政治方向无疑具有重要作用。①

(2) 引导价值取向

价值取向是指人们基于自己的价值观在面对或处理各种矛盾、冲突、关系时所持的基本价值立场、价值态度以及所表现出来的基本价值倾向。价值取向决定和支配着人的价值选择，制约着人们思想和行为的方向。现阶段我国市场经济的发展，在促进社会生产发展和人们思想观念更新的同时，其盲目性和滞后性，也容易诱发人们产生利己主义、拜金主义和享乐主义的价值观念。随着经济全球化的发展和我国国际交往范围的扩大，西方的各种价值观念也渗透进来。因此，引导大学生掌握社会主义核心价值体系，坚持正确的价值取向，有着尤为重要的意义。如前所说，鲜明的价值导向是大学生管理的一个显著特点，大学生管理通过坚持和贯彻体现社会主义核心价值体系的管理理念，制定和执行以培养社会主义建设合格人才为根本宗旨的管理目标体系和管理规章制度，对大学生的价值取向具有重要的引导作用。

(3) 引导业务发展方向

引导大学生确定既符合社会需要，又符合自身实际的奋斗目标，明确业务发展的方向，可以引导他们把自己的主要精力和时间投入既定目标的业务学习和实践活动之中，从而促进他们早日成才。大学生管理在引导大学生业务发展方面的作用集中表现在：通过对大学生学习活动的指导，引导大学生根据相关专业的要求和自己的兴趣爱好，确定专业学习的目标，从而明确在专业学习方面努力的方向；通过对大学生职业生涯规划的指导，引导大学生根据社会需求、职业发展的趋势和自身的主观条件与愿望，确定自己的职业理想，从而明确自己职业生涯发展的方向。

2. 激发动力

高校的系统教育为大学生的成长和发展提供了良好的条件，而大学生能否健康成长和全面发展，关键在于大学生自身的主观努力，即主观能动性的发挥。要促进大学生的成长和发展，就必须注重激发大学生的内在动力，充分调动他们的主动性和积极性。大学生管理具有显著的激励功能，在激发大学生内在动力方面具有突出的作用。大学生管理对大学生的激励作用，主要是通过以下三种方式实现的：

---

① 王炳塈. 高校大学生管理教育与校园文化建设 [M]. 长春：吉林出版集团股份有限公司，2021.

(1) 需要激励

需要是人的行为动力的源泉，是行为动机产生和形成的基础。人的积极性的发挥及其发挥的程度，归根到底取决于其需要能否得到满足以及满足的程度。大学生管理应坚持以人为本的管理理念和服务学生的管理原则，关心学生的实际需要，维护学生的正当利益，扎扎实实地为大学生的成长和发展提供各方面的指导和全方位的服务。满足大学生需要必然会对大学生发挥重要的激励作用。

(2) 目标激励

人的行为总是指向一定目标的，目标是人们期望达到的成果和成就，能够激发人的内在积极性，鼓励人们奋发努力。人们对目标的实现满足自身需要的价值看得愈大，目标能够实现的可能性愈大，目标的激发力量也就愈大。大学生管理遵循社会发展要求与大学生自身发展需要相统一的原则，科学地制定管理的目标，着力引导大学生根据社会需要和自己的兴趣爱好、主观条件合理地确定自己的学习目标和发展目标，对大学生有着重要的激励作用。

(3) 奖惩激励

奖励和惩罚是大学生管理的重要方法，激励是通过奖赏、赞扬、信任等褒奖形式来满足大学生的需要，使其感到满足和喜悦，从而更加奋发努力的正强化手段；惩罚是通过造成被惩罚者某种需要的不满足而使其感到痛苦和警醒，从而变消极行为为积极行为的负强化手段。大学生管理通过恰当地运用奖励和惩罚，鼓励先进，鞭策后进，从而激励全体大学生奋发努力。

3. 规范行为

科学制定和严格执行各项管理规章制度是大学生管理的一项重要任务。可以通过规范大学生的行为，促进其形成文明的行为方式和良好的行为习惯。大学生管理在规范大学生行为方面的作用，主要是通过以下三种途径实现的：

(1) 加强制度建设

制度建设是大学生管理的重要内容。大学生管理中的制度建设，就是要依据社会发展要求、人才培养目标和大学生健康成长与发展的需要，制定科学完善的规章制度，使大学生明确应该做什么、不应该做什么，应该怎么做、不应该怎么做，并引导和督促大学生规范自己的行为，逐步形成文明的行为方式。

(2) 严格纪律约束

纪律是一定的社会组织为实现组织目标而要求其全体成员必须共同遵守并赋予组织强制力的行为规范。它是建立正常秩序、维系组织成员共同生活的重要手段，是完成各项任务、实现组织目标的重要保证，因此成为大学生管理中不可或缺的重要手段。在大学生管理中，通过严格执行学习、考试、科研、集体活动、校园生活、安全保卫等各方面的纪律，以约束和调整学生的行为，并对违纪行为及时作出恰当的处罚，这样可以有效地引导和规范学生的行为，促进其良好行为习惯的养成。

（3）引导自我管理

自我管理是大学生管理的重要路径。自我管理的一项重要内容就是要启发学生的自觉性和主动性，引导学生自觉遵守管理制度，主动用能够体现社会要求的大学生行为准则规范的行为，实行自我约束和自我监督。这种自我约束和自我监督，既表现在大学生个体的自我管理中，也体现在大学生群体的自我管理中。在大学生班级、寝室、社团等群体的管理中，充分发挥学生的主体作用，引导学生在民主讨论的基础上，形成全体成员共同遵守的规章制度，并相互监督执行，这不仅有助于营造良好的群体氛围、实现群体的目标，而且有助于提高全体成员规范和约束自己行为的自觉性。

4. 完善人格

人格是一个人所具有的稳定而统一的心理特征的总和。通俗地讲，人格就是指一个人的品格、思想境界、情感格调、行为风格、道德品质、精神面貌等。人格既是个人发展状况的集中表现，也是个人发展的内在主观条件。人的全面发展内在地包含着健全和完善人格。大学生管理以促进大学生的全面发展为根本目的，因此必然要注重培育大学生健全的人格，以促进他们形成崇高丰富的精神境界、高尚优秀的道德品质、积极健康的心理品格。

5. 开发潜能

人的潜能是指人所具有的有待开发、发掘的处于潜伏状态的能力。它包括人的生理潜能、智力潜能和心理潜能。人的潜能是人的现实活动力量的潜伏状态和内在源泉。人的能力的发展，在一定的意义上，也就是开发潜能，使之转化为现实活动力量即显能的过程。人的潜能是巨大的，而对人的潜能的开发具有十分广阔的前景。大学生正处于成长和发展的关键时期，着力开发他们身上所蕴藏的丰富潜能，将他们内在的潜能转化为从事社会建设的实际能力和现实力量，是大学生培养工作的重要任务。大学生管理作为大学生培养工作的重要组成部分，在开发大学生内在潜能方面发挥着不可或缺的作用。

第二节　大学生管理的过程与方法

大学生管理是一个包括决策、计划、组织和控制等环节的动态的过程，在此过程中需要运用各种行之有效的管理方法。科学认识和全面把握大学生管理的过程，正确理解和灵活运用大学生管理的方法，是有效实施大学生管理的重要保证。

一、大学生管理的过程

研究大学生管理过程，需弄清大学生管理过程的含义和构成要素，把握大学生管理过程的特点和主要环节。

（一）大学生管理过程的含义和构成要素

1. 大学生管理过程的含义

大学生管理过程，就是大学生管理工作者对影响和制约大学生发展和成长的各种因素及其相互关系及时作出相应调整，以实现整体目标的过程。大学生管理过程的实质，就是要把握组织环境、管理对象变化、发展的情况，并根据组织目标，适时调节管理活动，在动态的情况下做好管理工作。充分认识和掌握管理过程，对于做好大学生管理工作具有非常重要的意义。因为管理行为并不能直接达到管理的目的，管理行为是一种周而复始的动态运行过程，管理的目的就是在这种管理过程中实现和完成的。充分认识和理解大学生管理过程，才能既从局部上理解管理行为的各部分内容，有助于做好大学生管理的各部分工作，又能从整体上理解由各部分内容结合而成的全部管理活动，有助于做好大学生管理的全部工作。

2. 大学生管理过程的构成要素

大学生管理过程的要素主要包括：管理者、管理对象、管理手段和职能、管理目标。管理者，即谁来管理；管理对象，亦即管理什么，包括人、财、物、时间、空间和信息等；管理手段和职能，即运用什么样的手段和方法、发挥什么样的功能和作用等，也就是如何管理的问题，包括运用行政方法、法律方法、经济方法和教育方法等基本管理方法，对管理对象进行预测、决策、组织、计划、协调、指挥、激励和控制等；管理目标，即朝着什么方向走，最终达到什么目标。这四个基本要素相互作用，缺一不可。①

(二) 大学生管理过程的特点

大学生管理过程既具有一般管理过程的特征，如目的性、有序性、可控性等，又具有区别于其他管理过程的显著特点。与其他管理过程相比较，大学生管理过程主要有以下三方面的特点：

1. 大学生的管理过程是一个大学生管理工作者与大学生双向互动的过程

大学生的管理工作是一种复杂的社会活动。社会的主体是人，人的活动构成了社会活动的基本内容。因此，在管理的过程中既要发挥管理者的主导作用，也要发挥被管理者的主体作用，努力达到两者的统一。管理过程是管理者和被管理者之间相互影响、相互作用的一种双向互动的能动过程。作为管理者应该积极主动地认识和塑造被管理者，被管理者则应该在管理者的启发和指引下，进行自我管理，并达到自我教育，从而实现接受管理和自我管理的有机融合，使被管理者将管理者所传授的思想观念和行为规范纳入自身的思想品德结构中成为支配和控制自身思想和情感行为的内在力量，即"内化"，实现由"管"到"理"，由"他律"到"自律"的飞跃。

2. 大学生管理过程是有效利用学校的各种资源，为大学生成长成才提供指导和服务的过程

大学生管理过程有别于一般管理过程就在于它以培养大学生成才为根本目标，而要实现这一目标，就必须对学校的各种资源进行分析和管理，将人、财、物、时间、空间、信息等各种管理要素组织运转起来，以有效利用这些资源，使之发挥最大的效益，为大学生的健康成长和成才提供行之有效的指导。

3. 大学生管理过程是与大学生教育过程紧密结合，保证教育目标顺利实现的过程

大学生管理工作者在对大学生实施管理的过程中应坚持管教结合，管中寓教，教中有管。数字化的今天，大学生不仅思想活跃，而且有很强的自主意识和自尊意识，这就对大学生管理工作者的管理水平提出了较高的要求。在管理的过

---

① 姚丹，孙洪波. 高校教育信息化管理与学生管理工作 [M]. 北京：中国纺织出版社，2021.

程中，管理者必须寓情于理，寓意于行，不断提高数字化管理工作的水平，力争使管理的过程成为被管理者受启发、受教育和实现内化的过程，并且促使被管理者把已经形成的思想观念和行为准则转化为自己外在的行为，养成相应的行为习惯，即实现由"内化"到"外化"，由"自律"到"自为"的飞跃。

(三) 大学生管理组织

大学生管理机构设置是否科学合理，组织工作是否有效，直接关系到大学生的成长和未来发展，关系着大学生管理目标的实现与否。要有效地实施大学生管理，一定要使大学生管理组织机构科学化、合理化，数字化背景下，需要构建一套科学的大学生管理机构并使之有效发挥其职能。

1. 大学生管理机构及其职能

目前，各高校的学生管理工作已形成了比较一致的组织结构形式。

(1) 学生工作处

学生工作处同时具有行政管理职能和思想政治教育职能，既负责学生的招生、就业、奖惩、生活指导、日常行为管理等行政管理工作，又负责新生入学教育、日常思想教育和毕业生就业思想教育。数字化背景下，应有效结合管理和教育为学生工作提供组织保障，使全校学生工作有计划、有步骤、分批次地进行，克服管理和教育脱节现象。

(2) 团委

团委在大学生管理方面的主要职能是：在学校党委的领导下，全面负责大学生团组织的建设和管理；负责对学生会和学生社团的管理和指导；组织和指导学生的社会实践活动和志愿者活动等。

(3) 学生会

学生会具有比较完整的组织系统，包括校学生会、院（系）学生会以及各班级的班委会。学生会具有比较严密的管理系统，各部门、各成员之间既有分工也有合作，既是相对独立的，又是一个整体。要使大学生管理工作有效实施，必须完善、巩固和依靠学生会组织。对学生组织，学校上级管理部门除了给予必要的指导外，在财力上也要给予一定的支持，同时还应该给予他们一定的权力和地位，以充分发挥他们的积极性和主观能动性。因为学生会组织的结构设置涉及广大学生的方方面面，代表的是广大学生的利益，所以如何使学生会组织真正起到学生与学校之间的桥梁作用，对有效实施大学生管理非常重要。

(4) 大学生自我管理委员会

目前,有一些高校开始尝试设置大学生自我管理委员会,它一般挂靠在校学生处或团委,下面设立生活保障部、宿舍管理部和风纪监察部等机构。生活保障部的主要任务是参与创建文明食堂的宣传和教育,其目的在于美化就餐环境,维护就餐秩序,对不文明行为进行纠正和制止,从而创建文明的生活环境。宿舍管理部主要是与学校宿舍管理办公室或物业管理部门共同对宿舍进行管理,以求为广大学生营造一个清洁、安静、舒适的学习和生活环境。风纪监察部的主要职责在于整治校园环境,可定时、定点或随时随地对学生中发生的违纪行为进行监察,同时还承担着维护食堂秩序、学校巡视以及检查学生上课迟到、早退等方面的工作。

2. 大学生管理工作者的职务设计

为了提升大学生管理工作的成效,各高校正在进行学生管理工作者的新的职务设计,力求实现学生管理工作者的"三化"——职业化、专业化和专家化。大学生管理工作是集理论性、实践性、知识性、时代性和时效性于一体的工作,它致力于大学生的成长和发展,应该成为一种专门的职业。学生管理工作者既应该是学生教育管理服务工作的多面手,又应该是学生就业指导、生活学习指导、成才指导、心理咨询、形势与政策教育等方面的专业人才,唯有如此才能满足学生管理工作的需要,提高管理成效。在实际工作中,不仅能应付日常事务,还要认真研究学生工作中出现的新问题,要像专家和学者那样,把学生管理工作当成一种事业去经营、去追求,掌握学生管理工作的规律和艺术,成为学生管理工作方面的专家学者。

3. 大学生管理队伍的人员配备

数字化背景下,为了进一步提高高校学生管理的水平和成效,各高校应该根据教育部的要求和实际工作需要,科学合理地配备足够数量的学生管理工作队伍,在保证数量的基础上,专兼职结合,不断优化结构。目前,各高校的学生管理工作基本上采取院系主要负责制,由院党委副书记、专职辅导员及兼职辅导员协同工作。此外,基于目前大学生就业形势的日益严峻,不少高校在大学生管理队伍中尝试配备职业指导人员,并要求掌握一定的信息化技术手段,旨在为大学生成功就业提供指导和必要的帮助。

(四)大学生管理控制

大学生管理控制是大学生管理机构和每一位大学生管理工作者的重要职责,

正确和因地制宜地运用控制手段和方法是使控制工作更加有效的重要保证。

1. 控制的类型

根据时机、对象和目的的不同，我们可以将控制分为以下三种类型：

（1）预先控制

预先控制是在活动开始之前进行的控制。其控制的内容包括检查资源的筹备情况和预测其利用效果。

（2）现场控制

现场控制也被称为过程控制，是指活动开始之后对活动中的人和事进行指导和监督。对大学生的学习和活动进行现场监督的作用在于：首先，使学生以正确的方法进行学习，参加各种活动。通过现场监督，大学生管理工作者可以直接向学生传授知识及参加各种活动的要领和技巧，纠正其错误的做法，从而提高大学生的学习能力和实践能力。其次，可以保证计划的执行和计划目标的实现。通过现场检查，大学生管理工作者可以随时发现大学生在活动中与计划要求相偏离的现象，从而将问题消灭在萌芽状态。

（3）成果控制

成果控制也称为事后控制，是指在一项活动告一段落之后，对该活动的资源利用情况及其结果进行总结。由于成果控制发生在事后，因此对活动已经于事无补，其目的是总结经验教训，为未来计划的制订和活动的下一步推进提供借鉴。

2. 有效控制的要求

（1）适时控制

最有效的控制不在于偏差或问题出现以后的处理和补救，而在于事先通过适时控制消除可能导致偏差或问题的各种可能性，从源头上防止偏差或问题的形成。也就是说，纠正偏差和解决问题的最理想方法应该是在偏差或问题未产生之前，就注意到偏差和预判问题产生的可能性，并预先采取必要的防范措施，防止偏差或问题的产生。落实到操作上，就是建立预警系统，形成应急机制。该机制的目的是通过建立预警系统，对可能发生偏差或可能出现问题的对象进行分析和研究，及时发现和识别潜在的或现实的偏差或问题，再进行客观评估，采取防范措施，防止和减少偏差和问题发生的可能。具体可根据各学校实际情况而定，建立一支由班级、院系有关师生组成的突发事件预警队伍。该队伍的每位成员都要接受专门的培训，并且明确职责和分工，定期对本班、本系、本院的学生进行了解、评估和帮助，将有关的信息汇总到学校的突发事件干预机构，再由突发事件干预机构根据实际情况统一部署，采取相应的措施。与事后的亡羊补牢之举相比，事先的适时控制才是最重要的，与其在偏差或问题发生之后进行补救，莫若事先适时控制。

（2）适度控制

适度控制是指控制的范围、程度和频度要恰如其分。那么，如何才能做到这一点呢？一般来说，要注意以下三方面的问题：

一是既要避免控制过多，又要防止控制不足。没有人喜欢被控制，事实上，控制多半会招致被控制者的不快，大学生亦是如此，但是不进行控制又是不现实的，因为失去控制往往会导致组织活动的混乱、低效甚至无效。那么，该如何对大学生的学习以及各种活动进行控制呢？行之有效的控制应该是既能满足对活动监督和检查的需要，又能防止与大学生产生激烈冲突。为此，要求大学生管理工作者必须做到注意避免控制过多。控制过多不仅会招致年轻大学生的反感，而且会扼杀他们学习和参加各种活动的积极性、主动性和首创精神，影响他们才能的发挥和能力的提高。防止控制不足。控制不足不仅会影响组织活动的有序进行，而且难以保证各层次活动进度和比例的协调，造成资源的浪费。此外，控制不足还可能导致大学生无视学校的正当合理要求，自由散漫、我行我素，破坏学校的校风校纪。

二是全面控制与重点控制相结合。学校管理机构和学生管理工作者不可能，而且也没有必要不分轻重缓急、事无巨细对大学生的所有活动进行控制。适度控制要求学校在建立控制系统时利用 ABC 分析法和例外原则等途径，找出影响大学生活动效果的关键环节和关键因素，并据此在相关环节上建立预警系统或控制点，进行重点控制。

三是控制的产出大于投入。一般来说，进行控制是要有投入的，衡量工作成绩和活动成效，分析偏差或失误产生的原因，以及为了纠正偏差和补救失误而采取的措施，都需要一定的花费。与此同时，任何控制由于纠正或补救了工作或活动中的偏差或失误，又会带来一定的成效。因此，只有当一项控制的产出超过其投入时，才是值得的。

（3）客观控制

控制工作必须针对大学生学习和活动的实际情况，采取必要的纠偏措施和补救手段，促使其工作或活动继续有效推进。基于此，有效的控制必须是客观的，符合大学生实际情况的。客观的控制源于对大学生学习和活动的实际情况及其变化的客观了解和评价。为此，控制过程中采用的检查、衡量方法必须能够正确反映大学生活动在时空上的变化程度，准确地判断和评价各部门、各环节的工作与计划要求相符或背离程度。

(4) 弹性控制

大学生在学校学习以及参加各种活动时，难免遇到各种意想不到的突发问题或无力抗拒的变化，这些问题和变化可能会与原有的计划严重背离。而有效的控制即使在这样的情况下也应该能够继续发挥作用，维持正常运行。这也就是说，真正有效的控制应该是具有灵活性和弹性的。

二、大学生管理的方法

数字化背景下科学实施大学生管理，不仅要系统地把握大学生管理的过程，还要掌握行之有效的系统管理方法。大学生管理的方法是复杂多样的，各种方法都有其作用和特点。全面掌握和正确运用大学生管理的方法，是提高大学生管理效率的关键。

(一) 大学生管理方法的内涵

大学生管理方法，是指在管理活动中为实现管理目标、保证管理活动顺利进行所采取的工作方式。管理方法是管理过程中不可缺少的运作工具，它来自管理实践，而又与管理理论的形成有着密切的关系。从某种意义上说，现代管理理论中一个又一个学派的出现，无不标志着管理方法的一次又一次创新。

(二) 大学生管理方法的类型及特点

随着大学生管理方法的日渐成熟，大学生管理方法也已逐渐形成了一个相对完整的管理方法体系。

1. 法律方法及其特点

大学生管理的法律方法是指以法律规范以及具有法律规范性质的各种行为规则为手段，调节大学生管理系统内外的各种关系，规范大学生管理行为的管理方法。大学生管理中所涉及的法律，既包括国家正式颁布的与大学生管理相关的法规，也包括各级政府机关所制定的具有法律效力的有关大学生管理工作的条例、规章和制度。法律方法的内容，不仅包括建立和健全各种法规，而且包括相应的司法工作和仲裁工作。这两个方面是相辅相成、缺一不可的。只有法规而缺乏司法和仲裁，就会使法规流于形式，无法发挥效力；法规不健全，司法和仲裁工作则无所依从，造成混乱。管理的法律方法具有以下特点：

（1）严肃性

法律和法规的制定必须严格按照法律规定程序进行，法律和法规一旦制定和颁布出来后就具有了相对的稳定性。法律和法规不可因人而异，必须保持它的严肃性。司法工作更具严肃性，必须通过严格的执法工作来维护法律的尊严。

（2）规范性

法律和法规是所有组织和个人行动的统一准则，对人们有同等的约束性。法律和法规都是用严格的语言准确阐释其含义，并且只允许对它做出一种意义的解释。法律和法规之间的关系为法规应服从法律，法律应服从宪法。

（3）强制性

法律和法规一经制定就要强制执行，每个公民都应该毫无例外地遵守，否则，就要受到国家强制力量的惩处。

2. 行政方法及其特点

行政方法是指依靠行政组织的权威，运用命令、规定、指示条例等行政手段，按照行政系统和层次，以权威和服从为前提，直接指挥下属工作的管理方法。行政方法的实质是通过行政组织中的职务和职位来进行管理。它特别强调职责、职权、职位，而并非个人的能力和特权。因为在行政管理系统中，各个层次所掌握的信息也应当是不对称的，所以才有了行政的权威。管理的行政方法主要有以下特点：

（1）权威性

行政方法所依托的基础是管理机构和管理者的权威。对大学生管理工作者而言，必须努力通过自己优良的品质、卓越的才能去增强管理权威，而不能仅仅依靠职位带来的权力来强化权威。

（2）强制性

行政强制与法律强制是有区别的，法律的强制性是通过国家机器和司法机构来执行的，只准许人们可以做什么和不可以做什么；而行政的强制性是要求人们在行动和目标上坚定统一的意志，虽然它在行动的原则上高度统一，但允许人们在方法上灵活多样。行政的强制性是由一系列的强制措施作为保证来执行的。

（3）垂直性

行政方法是通过行政系统和行政层次来实施管理的，因此基本上属于纵向垂直管理。行政指令一般都是自上而下的，通过纵向直线下达，横向传来的指令基本上没有约束力。因此，行政方法的运用，必须坚持纵向的自上而下方式，切忌通过横向传达指令。

（4）具体性

相对其他方法而言，行政方法比较具体。不仅行政指令的对象和内容是具体的，而且在指令实施过程中的具体方法上也因对象、目的和时间的变化而变化。因此，任何行政指令往往都是在某一特定的时间内对某一特定的对象起作用，具有明确的指向性和时效性。

（5）无偿性

运用行政方法进行管理，上级组织对下级组织的人、财、物等的调动和使用不按等价交换的原则，且不考虑价值补偿问题，一切根据行政管理的需要进行管理。

（6）稳定性

行政方法是对特定组织行政系统范围内适用的管理方法。由于行政系统一般有严密的组织机构、统一的目标、统一的行动，以及强有力的调节和控制，对于外部因素的干扰有着较强的抵抗作用，因此，运用行政方法进行管理可以使组织有较高的稳定性。

3. 经济方法及其特点

经济方法是运用各种经济手段，调节各种不同经济利益之间的关系，以获取较高的经济效益和社会效益的管理方法。对大学生管理而言，所谓的经济手段主要包括奖学金和罚款等。奖学金是指政府、学校、社会为表彰和鼓励优秀学生而设立的一种精神或物质奖励，其设置具有激励效应。这种激励效应是通过评奖评优等外在因素的刺激，使学生完成目标的行为总是处于高度积极状态，以进一步鼓励、激发、调动其内在的积极因素，即通过对优秀者、先进者某种行为的肯定和奖励以及对优秀事迹的宣传，达到鼓励先进，鞭策后进的目的。获得奖学金的项目和条件应能表达学校管理者对学生的期望，并且能对学生的行为方向和努力目标具有引导作用。罚款是对大学生违反学校规章制度并对学校造成危害的行为所进行的经济惩罚。它可以制约和收敛某些人的不轨行为。但是，罚款的名目和数额要适当，不能滥用。要防止用罚款来代替管理工作和思想工作的倾向，以免招致学生的不满和反对。奖励和惩罚最重要的是严明，该奖即奖，当罚则罚，激励正气，祛除邪气。只有这样，才能使奖学金和罚款成为真正的管理手段。而采取这种经济方法具有以下特点：

(1) 利益性

经济方法是通过利益机制来引导被管理者去追求某种利益，从而间接影响被管理者的一种方法。

(2) 关联性

经济方法的使用范围很广，不但各种经济手段之间的关系错综复杂，影响面宽，而且每种经济手段之间的变化都会影响到多方面的连锁反应。有时它不仅影响当前，而且会波及长远，产生一些难以预料的后果。

(3) 灵活性

一方面，经济方法针对不同的管理对象可以采用不同的管理手段；另一方面，对于同一管理对象可以在不同情况下采用不同方式来进行管理。

(4) 平等性

经济方法承认被管理的组织和个人在获取自己的经济利益上是平等的。学校按照统一的价值尺度来计算和分配成果，各种经济手段的运用对相同情况的大学生具有相同的效力。

4. 教育方法及其特点

教育是指按照一定的目的、要求对受教育者从德、智、体诸方面施加影响的一种有计划的活动。大学生管理中的教育方法主要是指通过深入细致的思想政治教育，激发大学生的积极性和主动性，引导大学生的思想和行为，以实现大学生的管理职能。教育是管理的基本方法之一，这是因为，管理的中心是人，而人的行为总是受一定的思想支配和制约，因此，在管理中就要注意做好人的思想工作，通过影响人们的思想去影响人们的行为，从而促进组织目标的实现。而大学生管理作为大学生教育和培养工作中的一个重要组成部分，更要注重运用教育的手段，以增强大学生管理的教育性。教育方法具有以下几个方面的特点：

(1) 启发性

教育方法重在通过通情达理的说服，启发大学生认同学校教育与管理的目标，并把个人的目标与学校教育与管理的目标紧密结合起来，从而使大学生能够自觉地遵循大学生行为规范，积极主动地为实现学校的教育与管理目标而努力。

(2) 示范性

大学生管理的目的在于促进大学生的全面发展，使其个性得到张扬和完善。在这个过程中，大学生管理工作者的言传身教、人格魅力对大学生起着十分重要的示范作用。

(3) 潜在性

大学生思想教育是一个"春风化雨、润物无声"的过程，是一个全身心投入、彼此产生共鸣的过程，因此具有潜在性的特点。

(4) 长效性

运用教育方法，可以帮助和引导大学生树立正确的世界观、人生观和价值观，从而对他们的行为起到持久的引导、激励和规范作用。

(三) 大学生管理的主要方法

大学生管理的方法，一方面要接受管理理论的指导，另一方面要以自身的发展促进管理理论的深化和发展。大学生的活动及其形式总是千变万化的，现实的条件也不可能总一成不变，因此实际的管理不可能照搬照套固定模式，采用任何管理方法都要有一定的灵活性，要具体问题具体分析，过分执着于信条往往事与愿违。

1. 目标管理的方法

目标管理是 1954 年由管理大师彼得·德鲁克（Peter F. Drucker）提出来的。德鲁克认为，为了充分发挥不同组织成员在计划执行中的作用，必须把组织任务转化成总目标，并根据目标活动及组织结构的特点分解为各个部门和层次的分目标，组织的各级管理人员根据分目标的要求对下级的工作进行指导和控制。目标管理要求组织内的每一个人、每一个部门全力配合实现组织的目标，对于分内的工作自行设定目标，决定方针，编定制度，以最有效能的方法实现目标，并经由检查、绩效考核、评估目标实现状况及尚需改善之处，作为后续目标设定的参考依据。

(1) 目标管理的程序

① 设定目标

设定目标包括确定学校的总目标和各部门的分目标。总目标是学校在未来从事活动要达到的状况和水平，其实现有赖于全体成员的共同努力。各个部门的各个成员都要建立和学校总目标相结合的分目标，这样就形成了一个以学校目标为中心的一贯到底的目标体系。在设定每个部门和每个成员的目标时，大学生管理部门和学生管理工作者要向学生提出自己的方针和目标，学生也要根据学生管理部门和学生管理工作者的方针和目标制定自己的目标方案，在此基础上进行协调，最后经学生管理部门和学生管理工作者综合考虑后做出决定。具体来说，设定目标就是要做到每个院系、每个班级在不同的阶段都要设定不同的目标，如学习目标、实践能力目标、纪律目标、卫生目标以及道德修养和人生理想目标，并以此作为努力的方向。同时，还要注意目标的设定一定要明确清晰，且能够量化。要求要适度，既要具有挑战性，又要可以通过努力就能实现的。最后还要为目标的实现确定一定的时程，即目标实现要有一定的时间限定，不能无休止地实现一个目标。

② 执行目标

各层次、各院系的大学生为了实现分目标，必须从事一定的活动，同时在活动中必须利用一定的资源。为了保证他们有条件组织目标活动，就必须赋予他们相应的权利，使之能够调动和利用必要的资源。有了目标，大学生们便会明确努力的方向，而有了权利，他们就会产生强烈的与权利使用相应的责任心，从而充分发挥自己的判断能力和创造能力，使目标执行活动有效进行。

③ 评价结果

成果评价既是实行奖惩的依据，也是各部门沟通的机会，同时还是自我控制和自我激励的手段。成果评价包括学生管理机构和学生管理工作者对学生的评价，学生对学生管理部门机构和学生管理工作者的评价，同级关系部门相互之间的评价以及各层次的自我评价。这种上、下级之间的相互评价有利于信息和意见的沟通，也有益于组织活动的控制。而横向的关系部门相互之间的评价，也有利于保证不同环节的活动协调进行。而各层次中学生的自我评价，则有利于促进他们的自我激励、自我控制及自我完善。

④ 实行奖惩

学生管理部门和学生管理工作者对不同成员的奖惩，是以上述各种评价的综合结果为依据的。奖惩可以是物质层面的，也可以是精神层面的。公平合理的奖惩利于维持和调动大学生饱满的工作热情和积极性，而有失公正的奖惩，则会影响大学生行为的改善。

⑤ 确定新目标

成果评价与成员行为奖赏，既是对某一阶段组织活动效果以及成员贡献的总结，同时也为下一阶段的工作提供了参考和借鉴。在此基础上，为各组织及各部门制定新的目标并组织实施做准备工作，从而展开了目标管理的新一轮循环。

(2) 实施目标管理应遵循的原则

① 授权原则

即在大学生实施目标的过程中，学生管理工作者要能够对学生适度授权。

第三章 数字化在学生管理中的应用

② 协助原则

即学生工作管理者要给学生提供有关资讯及协助，并且要帮助他们排除实际执行中的一些困难，解决一些问题。

③ 训练原则

作为高校学生工作管理者，一方面要进行自我训练，以不断提高自己目标管理的水平，另一方面还要训练学生，帮助他们掌握相关的方法。

④ 控制原则

目标的实现是有期限的，为了确保目标的顺利实现，学生管理部门和学生工作管理者在每一阶段中都要对学生的活动加以监督、检查，对出现的问题及时进行协助矫正。

⑤ 成果评价原则

成果评价原则由一系列原则构成，这些原则包括公开、公平、公正和成果共享原则。坚持公开原则就是要求公开评估，如学生进行自我评估，学生管理工作者进行客观评估。坚持公正和公平原则就是本着对事不对人的原则对目标实现情况进行客观比较。坚持成果共享原则要求学生管理工作者充分肯定学生的成绩，将成绩归于学生本人。

2. 民主管理的方法

在当前的大学生管理工作中，实施民主管理势在必行。对民主的追求是人的一种高层次追求。民主与人的自身素质有关，大学生作为文化素质比较高的人群，对民主会有更高更切实的要求。对大学生实施民主管理，不仅有助于大学生学习、生活和社会实践活动的有效进行，也有利于大学生实现自身的全面发展。实施民主管理，应着力做到以下几点：

（1）尊重学生的主体性

对大学生进行民主管理，就是要求在对大学生的管理中重视人的因素，也就是重视大学生的主体性，把大学生视为具有独立人格的个体。目前，有些大学生管理工作者忽视了学生的主体地位和平等独立的人格，如部分规章制度都是在学生不知情的情况下制定出来并要求学生遵守的，学生在这一过程中完全处于被动的位置。再如，为了执行上级任务，忽视学生主体意愿，单方面强制性开展活动。要实施民主管理，大学生管理工作者必须改变态度，充分尊重大学生的主体地位，将其视为实现教育目标的主体，实现学校与学生之间的互动，倾听他们的心声。对大学生的重视和尊重，会激发大学生对学生管理工作者的信任和合作态度，进而支持其工作，如此就会达成大学生管理工作者与大学生之间的相互信任、相互支持，从而取得良好的管理效果。

（2）正确认识学生的价值

大学生管理的对象是大学生，大学生管理的目的在于促进大学生身心健康的发展，使其个性得到张扬。在大学生管理中，应该充分发扬民主，把大学生既看作是高校学生管理工作的对象，又看作是管理的主体。目前，有些高校的学生管理工作者在进行管理和教育的过程中，缺乏民主，忽视人的自觉性，重制度，轻教育，工作简单粗暴，奉行惩办主义，脱离育人的宗旨，导致师生关系紧张，这种管理方法必须摒弃，应转而采取民主的方法。着力培养大学生的主体意识，引导大学生自我管理、自我教育、自我服务、自主发展等，促使其主体能力最大限度的发挥，为日后走向社会、走向工作岗位打下坚实基础。

（3）建立学生参与管理的新型管理模式

随着数字化时代的来临，大学生们对学校制定的规章制度、行为纪律会思考其合理性，不想被动地处于服从和遵守的地位，而是要求参与管理。根据大学生的这一心理特点，大学生管理应该打破传统的专制管理模式，激励大学生在管理中的主动精神和主人翁态度，鼓励大学生发挥主体作用，对学校的各项工作进行策略思考，形成民主管理的良好氛围，使学生真正参与到高校事务中来，体现学生的主体地位。如建立学校与学生的平等对话关系，让他们参与到教学工作、管理工作、后勤工作、社团工作中来，这样不仅可以减少潜在冲突的发生，而且可以改善学生管理工作者与学生之间的关系，进而建立彼此合作、相互依赖、相互尊重、平等对话的良性互动关系。

3. 刚性管理的方法

刚性管理，是指以规章制度为核心，凭借制度约束、纪律监督、奖惩规则等手段对组织成员进行管理。刚性管理是一种强调严格控制，采取纵向高度集权的，以规章制度为核心的管理。规章制度往往以规定、标准、纪律、条文、指标等形式出现，强调外在的监督与控制，具有很强的导向性、控制性，其约束力是明确的。俗话说：没有规矩，不成方圆。任何一个组织机构，它的正常运行和发挥效益都离不开一定的制度和规范。刚性管理是保证一个组织健康、正常运转的一个有机组成部分，它是以"合于法"为基本思路的管理方式和手段。

大学生正处于成长的关键时期，极易受外界环境的影响，比较容易产生惰性，判断能力和自我控制能力也比较差。他们在自身发展过程中，表现出强烈的自我矛盾倾向，如自我意识虽强，但缺乏自我监督、约束和调控的能力；有自我设计、自我奋斗、自我选择、自我发展的欲望，但是又受到自身素质、能力和社会环境的限制。在此情形下，刚性管理不仅是必要的，而且也是行之有效的。刚性管理的出发点并不是为了惩罚学生，而是在遵循制度的前提下，达到正确规范学生，约束学生行为，进而维护学校秩序，提高教育教学质量，提升学生学习和活动效率，促进学生成长的目的。

刚性管理强调以外在的规范为主，它主要通过各项政策、法令、规章、制度形成有序的行为。管理者的意志通过这些具体条文得以体现，学生的行为有章可循、有据可依，是非功过的评说有统一的标准、统一的尺度。这些有形的东西不仅具有很强的可操作性，使学生有明确的行动方向，而且给学生以安全感和依托感，使学生放心地、充满希望地在制度框架内自由行动。数字化背景下实施刚性管理，应着力抓好以下几个环节：

(1) 依法治校、依法管理，构建宏观管理体系

以管理主体结构为基础，构建新的学生宏观管理体系，以法治建设为手段，保证宏观管理的有序高效运行。随着教育活动层次和范围的不断拓展，教育行为的社会背景也发生了许多变化，学生不再被简单地当作学校管理的相对人，而是作为学校内部关系的权利主体，不仅承担义务，而且享有权利。

(2) 制定校纪校规，严格管理

学校为了维护教学秩序和营造良好的教育环境，必须对违反校规和屡犯错误的学生（如考试作弊、旷课、斗殴等）给予处分，可建立电子档案系统以备查阅。当然，在管理制度上对违纪的处分标准要依法和清晰，不能恣意地滥用学生管理权。在做出涉及学生权益的管理行为时，必须遵守权限、条件、时限以及告知、送达等程序义务，做到程序正当、证据充分、依据明确、处分恰当。

(3) 建立日常工作制度

学生管理的日常工作，有相当一部分是可预见的，有规律可循。电子管理系统的建立规范化了日常工作制度，既可以为学生工作在执行、管理方面提供制度上的保障，也便于监督，同时还能够提高工作效率，降低工作成本，减少违纪现象。

4. 柔性管理的方法

柔性管理是相对于刚性管理提出来的。进入 21 世纪后，人类对管理的要求已经不单单停留在严格、规范、科学的层面，而是更强调人性间的相互关怀和人

格尊重，旨在不断追求人与人之间的情感互动和心灵共鸣，从而共同实现组织目标。促进人的全面发展的管理活动越来越为人们所接受并运用，于是柔性管理便应运而生。大学生管理亦是如此，它面对的是有思想、有感情、有追求的大学生，单纯的刚性管理已不能完全解决大学生管理中面临的许多问题，必须辅之以柔性管理。柔性管理坚持以人为中心，注重人文关怀和心理沟通，强调通过营造和谐的组织文化和共同的价值观，以增强组织的向心力和凝聚力，从内心深处激发每个成员的积极性、主动性和创造性。柔性管理是刚性管理的完善和升华，以刚性管理为基础和前提，旨在使组织焕发生机和活力。如果说刚性管理更多地表现为静态的外显行为，那么柔性管理则更多地表现为动态内隐的心理认同。但对于大学生管理而言，不管是刚性管理，还是柔性管理，其落脚点都是为了促进大学生的成长发展。因此这两种方法在大学生管理中如同车之两轮，鸟之两翼，是相辅相成的，应该做到"共融、共生、共建"，实现刚柔相济。

对高校学生管理工作者来说，柔性管理的精髓在于以学生为本，注重人文关怀，它强调在尊重大学生人格和尊严的基础上，充分发挥大学生的积极性、主动性和创新精神，使之在大学的能力培养、品格塑造、校园活动以及社会实践方面变被动为主动，变消极为积极，变他律为自律，促进大学生自我管理、自我约束、自我完善，趋善避恶，使之成长为适应社会需求的高素质、强能力、富有良好潜质和优秀品格的优秀人才。实施柔性管理，应该遵循以下几项基本要求：

（1）确立"以学生为本"的管理理念

学生管理工作者在对大学生的管理中，必须确立"以学生为本"的管理理念，将"一切为了学生，为了学生的一切，为一切的学生"作为工作的出发点，整个学生工作围绕学生的全面发展来展开。为此，必须改革以管理者和管理制度为中心的传统管理模式，实现工作方式方法由管理型向引导服务型转变，由说教型向示范型转变，真正体现"以学生为本"的工作理念，把保障和维护学生的利益放在所有工作的首位，以促进大学生全面协调发展为目标，把管理与大学生的幸福、自由、尊严、价值目标联系在一起，切实做到在情感上感动学生，在人格上尊重学生，在学习上激励学生，在生活上关心学生，在成才上引导学生。利用数字技术尽一切力量在学生的学习、生活、实践等方面予以帮助和指导，最大限度地满足每一个学生成长成才的需要。[①]

---

① 冉启兰. 教育管理理念与思维创新［M］. 长春：吉林出版集团股份有限公司，2020.

(2) 进行个性化管理

柔性管理的职能之一就是协调，而协调关系只能从个体开始。也就是说，学生管理工作者必须与具体的学生打交道，在打交道中达成共识、形成相似。心理学家在对魅力的研究中发现，人们对于与自己相似的个体容易保持好感，这是因为"相似性吸引"使然。因此，学生管理工作者应该实施个性化管理，凡事因人、因事、因时、因地而异，充分考虑学生的个性特点、兴趣爱好、个人定位、个人素质和能力、优势劣势，以及未来的职业目标等因素，既考虑学生思想动态、心理变化及需求的共性，又要兼顾学生不同性格特点、兴趣爱好、未来职业选择和职业目标的差异性，进行有针对性（必要时可以一对一）的个性化管理。

(3) 发挥大学文化的引领作用

大学文化虽然是一只无形的手，看不见的手，但却是一所大学的灵魂之所在，它在塑造大学个性、凝聚广大师生员工的精神和灵魂方面发挥着巨大作用。健康向上、充满活力且体现时代精神的大学文化对学生价值观的形成、行为的规范、素养的提升具有潜移默化的影响。因此，在柔性管理中，应该发挥大学文化的引领作用，有针对性地将大学文化融于院风、班风、学风的建设之中，甚至融于一切活动中，以此培养大学生健康向上、积极进取的精神和良好的行为，使之不仅掌握知识、发展能力，而且养成良好习惯，形成健康人格、优良品德，促进大学生的自我完善和不断成长。

(4) 建立健全激励机制

没有激励就没有动力。从某种意义上说，对大学生的管理就是围绕着激励展开的，激励是大学生自主性、主动性、积极性、创造性和潜力得以持续发展的动力源泉。从管理学角度看，人的所有行为皆由动机支配，动机又由需要来引发，无论何种行为，其方向都会指向目标，并进而满足需要。基于此，对大学生的管理也必须从培养全面发展的、适应社会需要的人才出发，从大学生的具体需要、动机、行为、目标入手，建立健全大学生激励机制，关注大学生的思想、情感、心理以及行动，帮助学生进行目标管理，指导学生进行职业生涯规划，为每个人的个性化发展拓宽空间。创造一种激励学生提高素质、强化能力、健全人格、激发创新、追求卓越的文化环境，激发学生夯实专业基础、不断提高能力水平、加强思想品德修炼，使之成为有理想、有目标、有追求、有能力的优秀人才。

(5) 注重身体力行

管理工作需要通过身体力行的方式最大程度地示范正确的做法，管理者如果不能将自己在工作中的成果有效地展现出来,就不能起到表率作用。大学生管理有多种形式,如树立典型、现身说法、宣讲规范、个别谈心、反例警示、营造环境等,其中用得最多的就是现身说法,用得最好的也是现身说法。身教重于言传!当代大学生崇尚个性,要实现对大学生的有效管理,大学生管理工作者首先要赢得大学生的尊敬。而要做到这一点,除了管理工作者自身德才兼备之外,还必须用自己的真诚无私去换取学生的真诚无私,用自己的善良正派去建设学生的善良正派,用自己的务实强干去引领学生的务实强干,用自己的纯洁美好去塑造学生的纯洁美好。只有这样,才能以模范作用感召学生,以高尚品格感染学生,以实际行动引导学生,从而促使学生产生强烈的认同感,使学生的对立情绪和逆反心理少一些,最终起到真正的激励作用。启发他们在实践言行一致的同时,把知行合一的思想落到实处。

5. 系统管理的方法

系统管理,即将相互关联的过程作为系统加以识别、理解和管理,以便于组织提高实现目标的有效性和效率。大学生管理具有系统性管理的特点,主要表现在以下几方面:

一是整体性。大学生管理作为一个系统是由多个子系统组成的,例如,教学管理、生活管理、社团管理、社会实践管理、就业管理等,这些子系统之间既是相互独立的,同时又存在着相互依存、相互影响和相互制约的关系。根据系统论思想,如果整个学生管理系统的各个子系统的功能都能发挥正常,那么整体的功能就会比较理想。即使某些子系统的功能发挥不甚理想,只要能够组成一个良好的有机整体,一般情况下也能够取得较为理想的效果,这就是所谓的整体大于部分之和。

二是关联性。大学生管理工作中的各要素既相互区别,又相互联系、相互作用、相互依存,并各有分工。如社团管理与社会实践管理尽管分工不同,但彼此之间却又紧密相连,很多时候会表现得你中有我,我中有你。

三是环境适应性。特定的环境会造就特定的管理,大学生管理离不开特定的环境,例如,大学生专业知识的学习、实践能力的打造、品格素养的修炼等都需要在一定的环境中进行,离开了环境是不可想象的。学生管理工作只有具备了环境的适应性,能够顺应环境并有效利用环境提供的有利条件,才会富有成效。

四是动态平衡性。学生管理系统的各要素在时间、空间和资源上的不同组合,要随着宏观环境,即社会的变化发展而变化发展,对宏观环境要保持灵敏的适应性。在当今金融危机背景下，社会对大学毕业生的素质能力提出了新的要求，上手快、学习能力强、富有创新精神成为许多用人单位的共同诉求，这就要求我们的学生管理工作必须改变传统的重知识灌输、轻学习能力和创新能力培养的教学管理模式，变单纯的知识教育为知识与能力培养并重，加大社会实践能力的培养力度以适应社会需求。与此同时，还须保持系统的动态平衡，即让系统的各要素在各环节上保持相应的比例关系，以免系统内部失调，影响整个系统的正常运转。[①]

五是目的性。大学生管理系统是一个具有多种目标的系统。在这一系统中，既有总目标，又有分目标，总目标、分目标有机结合形成一个目标体系，通过目标体系的不断优化，实现资源的有效利用。一方面，要最大限度地利用学校资源；另一方面，还可以争取社会上一切可能的资源为我所用，以此推动学生管理工作的突破，使之为学生提供最大的发展空间。

第三节 大学生管理中数字化创新应用

一、数字化在学生管理中的应用进展

有学者开始探索数字化理念与教育行业的相互融合，数字化技术的应用范围日益扩大，在学生管理工作中的应用尤其会成为研究的重点。有学者认为：为提升学生管理工作开展的有效性，需要充分考虑学生表现，结合数据挖掘结果进行课程推荐和个性化建议。从数据挖掘到大数据潜在功能的探讨，国外学者较为全面地分析了大数据在高等院校管理工作中的应用。认为，传统的学习空间逐渐受到个人移动设备的影响，而电子设备则作为教师教学方式的补充，也能够更好地带动学生学习氛围。针对美国大学生辍学率的问题展开研究，大数据的应用或能够解决辍学问题；同时，部分大学用数据挖掘技术针对辍学原因展开分析，根据最终结果建议建立多维度数据库解决大学生辍学问题。通过研究大数据在高等教

[①] 姚丹，孙洪波．高校教育信息化管理与学生管理工作［M］．北京：中国纺织出版社，2021．

育中的应用和发挥的作用，认为依靠大数据收集和汇总各类数据，学校的管理者能够用提供的数据作参考，为学生管理工作的优化提供可行性指导。通过研究高校学生管理工作的现状以及平台，认为借助现代化的互联网信息手段和方法，以及高校的短信系统平台、校内网络以及各种应用程序平台，能够快速收集学生的相关行为以及评价，进而及时发现问题并作出调整。

在数字化的背景下，数字化管理平台是在传统管理模式无法满足高校学生管理的情况下，借助科学的管理手段，对高校学生进行的更有效的管理。原有的学生管理工作，仅以某种功能的制度来进行学生管理，已经与当代高校越来越不适应。

学生管理数字化管理平台，对于高校的学生管理系统，一般涉及很多方面，比如基础信息系统、招生管理系统、学生事务系统、心理健康系统、学生资助管理系统、综合评价管理系统、宿舍管理系统、团委工作系统、收费杂费管理系统、学生学籍管理系统、学生实习就业系统等。对于高校的学生管理系统，其主要对高校学生基本信息录入与修改、学生个人相关生活、学习选课、心理健康辅导、学费管理、奖学金助学金评选、入团入党、宿舍管理、学习评价与考试评价、学籍管理、学生个人相关生活、学习选课、心理健康辅导、学费管理等内容进行全面管理。①

1. 多渠道实现信息传输与宣传

随着数字技术应用领域的不断扩大，管理者及教育者解决问题的思路得以拓宽，提高了工作效率，也使得管理者能够有更多精力关注有特殊需要的学生，同时也将有效地推动学生管理工作的创新。因此，对于高校学生管理来说，要充分借助先进的信息技术手段和工具，实现多种信息融合共享，通过多渠道让学生能够对学校的相关信息进行了解。随着智能手机的普及，高校学生使用手机的时间和频率不断增加，因此，高校在学生管理过程中，可以通过开发学生应用手机软件，把学校的学生管理系统让学生通过下载手机应用软件就可以使用，例如水电费的缴纳、学费的线上缴纳、学生食堂餐卡的充值以及选课等，进而为学生提供便利条件。目前，各高校具有完善的公共网站、院系网站以及公众号，因此，信息的宣传可以充分借助校内网站、院系网站和公众号，让学生能够多渠道获取相关信息。与此同时，还可以通过短信、微信群发系统，对一些特殊的群体，如即

---

① 曹丽娟. 郑州市高等院校学生管理数字化问题研究[D]. 开封：河南大学，2019.

将毕业的学生,通过定点短信发送的方式,及时把一些实习、招聘信息发送给学生,让学生能够及时了解相关动态,进而吸引学生的关注度。

对于学生端相关信息渠道来说,只有给学生传输有效的、价值性相对较高的信息,才能真正吸引学生的关注,进而引发学生的兴趣,并把该信息传给身边的同学。因此,高校在开展学生管理的过程中,不仅要做到相关信息发布及时,同时还要能够做到针对不同的学生群体发送有针对性的、有价值性的信息,让学生越来越信任相关渠道信息的传输功能,进而使学生对管理系统平台给予足够的信任和认可。①

2. 强化数字技术在需求收集与分析中的应用

对于高校学生管理工作来说,通过发挥数字技术的作用,实现对学生信息的及时了解和掌握,做到时刻关注学生的需求和动态。通过对数据的挖掘与分析不断地探求数据之间的关系,在数据处理过程中及时了解学生现状,无论是学生的学习状况还是学生的性格都能够及时掌握,并且及时对数据进行修正,及时进行无效数据的剔除,最终为学生管理工作中个性化的需求提供数据支撑。数据挖掘后仍需要可视化技术处理才能够将海量数据中隐含的意义显现出来。

数据可视化技术评价方式比较单一,其更注重结果,这在传统的学生管理中是有一定局限性的。在此背景下,过程评价应运而生,同时也为过程评价在高等学府的推广奠定了现代技术基础,使学生在学习过程中可以获得数据和信息。在有关专家和管理人员广泛调研,多方筛选考核指标,最终构建完善的评价体系的同时,要结合文献资料和学校的特色来确立有效的分析评价,并借助相关数据挖掘学生的潜在需求。随着数字化与学生生活的融合,高校学生管理工作的优化需要借助大数据的支持。

高等院校学生生活管理的信息收集工作主要有三个来源,包括基本信息、一卡通使用信息以及附加信息。其中基本信息可以从学生档案或者云管理数据库进行导入;一卡通信息则可以根据范围进行划分,包括食堂信息、查阅信息及电子阅览室信息等;附加的信息需要单独收集,这将为资料的整合加工打下基础。在学生学习过程中不断产生新的数据,并以最新的数据为基础,将这些数据收集后导入数据库中进行整合和挖掘,目的是将学生管理工作的特点通过数据体现出

---

① 倪萍,闫红,张玉洋.信息化视角与学生教育管理研究[M].长春:吉林出版集团股份有限公司,2022.

来。对产生的结果进行归类，最终反馈给相应部门，并根据评估的结果进行评价。在数字化理念指导下，通过优化管理流程，有效解决学生管理工作中资源利用率低、管理反馈不及时等问题。通过对数据的整合和处理，促进高校学生管理工作向网络化、规范化、信息化、自动化方向发展，为学生提供个性化的建议。反馈信息的处理，在学生管理工作中必不可少。在教学评估管理上，不管是学生还是老师，都要进行评估，老师和学校的相关工作，学生也会综合评估。

3. 构建多元数字支撑的学生管理决策机制

在高校学生管理过程中，通过整合高等院校中学生的不同学习方式，并进行量化处理，以数据的形式进行输出，为建立数据库奠定基础。同时，学习应用也能够提供更多个性化的指导方案，在学习内容以及形式上的多样化，能实现高等院校学生学习的良性循环。在学生管理工作中，将学习管理数据库进行整合并上传，与其他系统所获取的数据融合，实现数据共享与云存储，使汇集了学生的学习、生活、实习、就业以及消费等多维度信息的云管理数据库成为一个综合性的平台，形成立体全方位的管理平台，为数据分析奠定基础。将收集的信息进行数据的汇总，筛选出错误或不完整的数据，同时对数据进行整合和清理，这不仅是对数据的筛选，也是对可信赖数据的汇总和完善。最后将根据数据范围划分为学生数据库、活动数据库及管理数据库。通过对数据的搜集及整合，能够更好地助力学生管理工作，利用数据挖掘等技术发现数据库中或者不同数据库之间的联系，全面了解学生的日常生活，并了解其生活动态与行为之间的关系。数据处理结果不仅能够帮助管理者开展日常学生管理工作，也能体现出学生管理的个性化、差异性。尤其在管理者及时、准确地了解学生最新动态后，通过设定预警值进行监控，对生活波动较大的学生能进行全面具体的了解。同时，巨量的数据为大学生管理工作者的决策提供了数据支撑，大大提高了决策的可靠性。

4. 打造个性化的学生服务和管理机制

由于数字化理念的推广及应用，使个性化的就业服务成为可能，这大大提高了就业管理的质量。通过数据大平台，校方对学生在校期间学习及生活数据进行处理分析，关注学生之间的差异性，并有针对性地为学生提供就业指导和职位推送。高校在实施学生管理过程中，通过云管理数据库，收集和汇总学生的相关数据，其中涉及专业、成绩、图书馆借阅以及上网记录等内容，根据以上信息分析学生的性格特点、专业技能情况及兴趣爱好等，从而有针对性地为学生提供学习指导和就业指导，最终结合学生求职需求，找到高匹配度的信息推送，实现对学生的"专项"推荐。高校在开展学生管理过程中,通过数据深度挖掘来提高校学生管理情况,提高学生自身需求与学校资源,以及外界各种信息的匹配。人本主义提倡在学生管理中,把每个学生当作完全独立的个体,促进其全面发展,激发内在的动力,同时转变管理理念,尊重差异性。对于高校学生管理来说,由于每个学生的基本情况均不同,不同的院系和专业之间存在一定的差异,因而个性化的管理方式成为解决问题的关键。高校针对学生的特征实施"私人订制"管理和服务,对提高学校管理水平和学生满意度具有重要的积极意义。例如,为能够及时掌握学生的择业需求以及企业关注的焦点,除具备信息收集和管理外,还通过设立在线咨询、问卷调查、简历审核、入库等诸多环节,加强学生与用人单位之间的相互了解,从而助力后期高校对学生就业管理的改革。

高校学生管理工作的开展,需要通过收集的信息和资料,结合学生的具体特性,提供具有"个性化"的服务机制,个性化的服务能够有效满足学生的需求,且针对性强,对高校学生管理工作的开展具有重要作用。

二、数字技术在高校学生管理中的优点和挑战

1. 数字技术在高校学生管理中的优点

与传统的高校管理手段相比,数字技术在高校学生管理中的应用既高效、节约资源、方便快捷,又具有直观、客观等特点,优势明显。具体而言,在大学学生管理中加强数字技术的运用,可以实现以下几点好处:

首先,数字化的学生管理系统可以帮助学校在管理学生信息和教学资源方面减少工作量,以及减少人为的错误风险。传统的纸质流程很容易发生错漏,而让学生管理精准度有所提升的数字化学生管理系统,则可以降低这些风险。

其次,数字技术还可以降低学生管理的成本。数字化的系统可以取代一些传统的纸质工艺,减少人力、物力的浪费。因此,数字化的系统可以取代传统的纸质工艺,而学校可以通过数字化学生管理系统,实现经济和社会效益双赢,进而优化资源规划,提高资源利用效率。

再次,数字技术也能让资料获取变得容易。学校可以通过学生管理系统,更好地了解学生的学习状况和需求,实时获取学生的信息和数据。学校可以根据资料分析的结果,制定更有效的教育管理策略和教学计划。

最后,学生的参与度和满意度可以通过数字技术在学生管理应用中得到提升。提升学习体验,提高生活质量。学生可以通过学生管理系统获得更好的学习

生活服务。数字化学生管理系统可以使学生查询个人信息、完成选课等更加方便快捷。

2. 数字技术在高校学生管理中的挑战

首先，需要高度重视数据保护和隐私保护。由于学生的个人信息和教学数据是敏感的，学校需要建立完善的数据保护机制和隐私保护制度，确保学生信息的安全和保密。这包括数据加密、数据备份和灾难恢复等方面的措施。此外，学校需要制定明确的数据使用规定和权限管理，以避免信息泄露和滥用。同时，学校也需要加强对学生进行隐私保护的宣传和教育，提高学生自我保护意识和对隐私保护的重视。

其次，数字技术的应用需要充分考虑学生的个性化需求和多样化需求。学生在学习和生活中存在着不同的需求，因而学校需要建立多元化的数字化服务平台，以满足学生的不同需求。这需要包括个性化的学生信息管理、学习资源和服务、教育评估和反馈等方面的内容。学校需要根据学生的需求和反馈，不断改进和完善数字化服务平台，提高学生参与度和满意度。

最后，数字技术的应用需要不断更新和完善，以适应不断变化的学生需求和技术发展。学校需要跟进技术发展，加强数字化平台的改进和更新，不断提高学生管理的效率和质量。这包括加强对新技术和新应用的研究和开发、不断改进数字化服务平台的功能和性能、提高数字技术的稳定性和安全性等方面的工作。同时，学校也需要加强数字化管理相关专业的人才引进和培养，以保证数字技术的应用和管理能力的提高。数字技术在高校学生管理中的应用具有很大的优势，但也面临着很多挑战。学校只有充分考虑学生的需求和重视隐私保护，加强数字技术的应用和管理能力，才能更好地实现数字化教育的目标，提高学生管理的效率和质量。[1]

三、数字技术在高校学生管理中的发展趋势

随着数字技术在高校学生管理应用中深入，越来越多的高校开始注重和运用数字技术进行高校管理，这是一个良好的开端。从实践来看，未来数字技术在高校学生管理中的应用将呈现以下趋势：

---

[1] 李清岩，向菲. 数字技术在高校学生管理中的应用 [J]. 互联网周刊，2023 (11)：91-93.

1. 数字技术应用让高校管理更加自动化和数据化

随着教育行业的数字化转型，学校在学生管理方面逐渐采用了更多的智能化和数据化手段。比如，学校可以通过智能化的考勤系统对学生的考勤情况进行自动化管理和数据化分析，从而提高考勤效率和准确性；同时，学校也可以通过数据挖掘技术对学生的学习情况进行分析，了解学生的学习习惯和能力状况，为学生提供更加个性化和有效的辅导和支持。

2. 应用好数字技术的同时，更加注重解决隐私和安全问题

针对数字技术在高校学生管理中的应用，如何保护学生的个人隐私和教育数据安全是一个非常关键的问题。在数字化的学生管理过程中，学校需要建立完善的信息安全和隐私保护机制，制定相关的政策和规范，确保学生的个人信息得到妥善保护。此外，学校还需要加强数字技术应用人员的安全意识教育，提高数字技术管理的水平和能力。

3. 数字化服务平台日益多元化和个性化

在高等教育学生管理领域，为用户提供更加智能化、个性化、定制化服务的数字化服务平台。比如，学校可以为学生提供更加精准、个性化的学习支持和服务，利用人工智能和大数据技术对学生的兴趣和学习需求进行研究，推送"懂你"的学习信息。用户体验和用户参与将在数字化平台发展过程中得到进一步强调，为提高数字化服务的质量和效率，鼓励学生和教师积极参与数字化学生管理与服务。

4. 注重发展需求，探索更加有效的数字化教学模式和方法

学校要探索更加有效的数字化教学模式和方法，根据教学发展的需要，结合数字化技术的应用，提高教育教学的效果和质量。同时，加强数字化服务平台的完善与更新，提高学生管理效率，也是学校在数字化技术应用方面需要不断更新的内容。

四、数字技术在高校学生管理中的案例分析

在科学水平不断提高、经济社会快速发展的情况下，我国部分高校以实践为基础，开始对高校学生管理工作的数字技术进行探索和应用。对高校学生管理中应用数字技术的几个典型案例进行剖析如下：

（1）集中管理与智能服务实现学生信息集中管理、智能服务。东南大学利用数字化管理平台，学生可以实时查阅成绩、课表、选课情况以及校园动态等信

息，通过学生管理系统来提高学生的参与度和学习效果，从而提高管理效率，提高学生素质。

（2）智慧校园建设多项数字化服务的成功实施，推动了南京理工大学智慧校园建设向智慧化发展。例如，学员可使用手机应用软件查询课程表，查看成绩，了解考务安排，选课退课等，在提升学员服务体验和满意度的同时，也节省了人力、财力成本，使管理效能得到全面提升。

（3）南京航空航天大学对学生进行个性化学习管理。学校通过学生管理系统，提供个性化的教学资源和服务，针对学生的学习情况和需求，提高学生的学习效果和满意度。

从总体上看，高校在学生管理中运用数字技术，意义重大。学校采用数字化学生管理系统，在提高学生学习效果和生活质量的同时，提高学生的管理效率和服务质量，满足学生多样化、个性化的需求。展望未来，数字化服务平台将呈现更多元化、更个性化的趋势，数字化技术的应用将更加广泛和深入，数字化技术将成为高校学生管理的核心支柱。

第四章
数字化在高校部门业务服务中的应用

第一节　数字化趋势下高校服务部门管理理念创新

一、转变教育管理理念

（一）树立服务型管理理念

管理即服务，服务已成为管理行为的基本含义之一，高校教育管理也应表现出对教师、学生的服务意识，为其提供必要的工作、学习、研究条件，帮助他们解决困难，创造出民主和谐的教育教学环境。服务型管理理念要求改变上令下行的管理方式，避免行政权力的泛滥，强调学术权力的重要地位和学生权利的应有地位，要求建立共同参与、相互协商、上下协调的沟通机制。在这种理念指导下，管理者不再是一名发号施令的领导，而是一名事业的推动者，是民主、和谐氛围的缔造者。服务型的管理理念还要求改变师生间控制与被控制的关系，建立民主、平等的师生关系，树立教师为学生服务的理念，教师以平等、尊严、自由、信任、友善、理解、宽容、亲情、友爱和真诚，感化、指导和鼓舞学生形成积极的人生态度和丰富的情感体验，使之在这种良好环境下愉悦地学习，从而促进其身心健康成长。

（二）树立人性化管理理念

教育教学的对象是人，教育教学的实施者也是人。因此，高校教学管理应该体现对人的关怀、尊重和信任。现代管理理论认为，科学技术的进步、物质财富的创造和社会生产力的发展，都离不开人的服务、劳动，管理必须围绕"人"这个第一要素、围绕"人"这个核心概念，通过提高人的综合素质，充分调动人的积极性、主动性和创造性，从而提高管理功效，实现预定目标。高校教学管理亦是如此，是通过教学管理人员与教师、学生的双向互动进行的，即管理人员顺应教学环境，尊重教师和学生的人格和权利，满足教师和学生的工作、学习需要，教师和学生则是自动自觉地把工作和学习视为人生发展的重要组成部分。教学管理制度就是要协调三者的关系，赋予教师相应的权利，保障其在学术上和教学上的相对自由,并着眼于学生的综合素质、创造能力和创新思维的培养,注重指导学生的学习自由,使之能够学会学习、学会生活、学会工作。①

二、完善组织体系

高校教学管理制度包括教师的"教"与学生的"学"两部分管理制度,两者应该有着密切的联系与结合,而实际的情况是教学管理组织与师生管理组织形成了两条平行线,或者仅仅是相交于一点的结合,大多数学校当前的组织安排一般分为学术性事务、学生事务、生活事务和其他单位事务,而教学管理组织成为"功能的仓库",阻碍了运用学校资源以增进学生学习进步的协作。打破这些障碍是困难的,因为学生课外的学习虽然是学生的事,但只有通过行政管理者、教师和学生事务工作人员共同合作,大学才能营造好的风气。传统的学生管理组织注重日常的事务管理而对人才培养的目标有所忽略,并且把自身职责局限于为教学工作提供服务,因而成为校园中处理学生琐碎生活事务的边缘性角色。传统大学的教育是以校园为基础,以教学内容为中心,强调熟练地掌握知识和技术,重在训练适应工作和市场需要的专门人才,学生管理的功能在于以辅助促进教学任务的服务实践为主;但在现代大众化和多元化的大学里,它应该是以学生为中心的教育,大学应该营造良好的学习环境,帮助学生开发潜能,培养学生涵养有素,以及教会学生如何生活。因此,学生管理必须回归到大学教育的核心,即促进学生学习。

学生事务管理组织理应打破传统思维的束缚,促使学生事务工作人员对传统学生、学生事务行政中心等现实问题展开反思,积极倡导学生事务与教学事务单位的合作,结合课内与课外,努力来提高学生在学校的学习效果。应当激励学生积极学习,帮助学生发展统一的价值和伦理基础,引导学生和组织行为,有效利用资源以达成组织的任务和目的,联合全校的教育人员,建立具有支持性的总体性学生社区,最终促成以学生学习为高校学生事务的核心理念。

有效的学生管理组织包括学籍管理组织、就业指导组织、职业生涯规划指导组织、生活事务管理组织、财务管理组织、科研管理组织等。为了尊重广大学生,发挥群体作用,学生事务管理组织亦需要建立委员会性质的组织,如学生事故处理申诉委员会、学生会、社团联合会、学生实习指导委员会、大学生创业指

---

① 阮艳花,张春艳,于朝阳.教育管理理念与思维创新[M].汕头:汕头大学出版社,2019.

导中心等。为了保证学生事务管理组织功能的发挥,需赋予它们新的功能。

三、明确职责

(一) 明确部门职责

明确教学部门的职责首先要规范各部门之间的相互关系,以避免在管理工作中出现摩擦、玩弄权术以及效率低下的现象。管理不当的一个重要原因是虽授予组织权力,但其没有负起责任,这将会导致权力的滥用。[1]

在当前高校教学管理工作中,多数高校采用的是校、院(系)两级管理模式,在这种管理模式下,院校顶层自治的加强与学部和系一级决策机构的自治之间存在潜在的冲突,所以,从较低的层次上看,院校自治的增加表明了一种可怕的集权化。因此,对代表学校的教学管理职能部门和直接面向师生的院(系)教学部门的职责进行界定,就是教学管理制度要解决的重要问题。需要在教学管理制度创新的过程中,对这两级管理部门进行必要的职能和职责权的明晰界定,理顺两者的关系,体现两级教学管理体制的科学性。主要措施是高校的校级领导和各职能部门必须从以往那种包揽各种日常管理事务的状态中解放出来,将过去的过程管理变为目标管理、价值观管理,减少对教学、科研等具体工作的干预,其职责应定位在统一管理、全面协调以及检查督促等上面。二级院(系)则要充分发挥主动性、能动性,走出校门,走向市场,根据社会的发展需要,妥善处理好院(系)与学校、社会、企业的关系,承担起基层教学管理和从事教学科研活动的双重职责,做好学科建设、人才培养、科研等最基本的学术工作,确保教学管理在院(系)诸多管理中的核心地位。

学生管理部门亦应从日常管理、生活管理的职责,向促进学生的学习与发展的方向转变,要从"父母替代者"向具有更直接、积极的教育意义的角色转变。学生管理部门应主动参与到学术事务中去,与学术事务管理建立良好的伙伴关系。

(二) 明确岗位职责

建立健全教学管理岗位责任制是实现高校的教学运行管理系统变得更加高效、有序、规范、科学的基本保证。明确教学管理的岗位职责,应包括责任指

---

[1] 单林波. 高校教育管理体系构建研究 [M]. 北京:首都师范大学出版社,2022.

标、工作标准、协作要求、激励措施。一是明确每个岗位应担负的责任,该责任能够让他们明确地知道完成责任指标的重要意义和对其本人的价值,以充分调动他们的工作积极性和主动性;而责任指标应该具有可行性,即通过努力是可以实现的,其衡量标准也应该是统一的、明确的、客观的。二是明确每个岗位的工作标准,如该岗位所具有的业务功能、服务功能,对岗位工作所应具备的行为要求、对完成岗位工作具体的实施方式和方法。三是协作要求,包括做好部门内外的协作关系、上下工作程序协作关系、平行部门和岗位协作关系等,处理好这个协作问题可以起到充分利用周围环境、资源为岗位工作提供支持的作用。四是激励措施,教学管理要制定主要包括精神激励在内的激励措施,对完成岗位职责的要兑现奖励约定,对没有完成岗位职责的要兑现处罚约定。

第二节　数字化趋势下高校教育管理方法

一、教育管理方法的基本概念和特点

（一）管理方法、教学管理方法的概念和内涵

所谓方法,是指人类认识和改造客观世界所采用的方式和借助的手段。方法由人们掌握和运用,服务于认识世界、改造世界和取得某种成果、获得效率效益的目的,是与人们的特定实践活动相联系的。管理方法就是运用管理科学理论和原理,解决管理活动中的实际问题,提高管理功效,实现管理目标所采取的方式、手段和措施。

教育管理是一种有目的的社会实践活动,教育管理方法就是管理者在教育管理全过程中,运用管理科学理论和教育管理原理,为解决管理中的各项具体问题、保证教学活动顺利进行、实现预定教育管理目标而采取的各种管理方式、手段、技巧、措施和途径。这一概念包括四层含义:第一,它界定了掌握和运用教育管理方法的主体——管理者;第二,它表明了教育管理方法贯穿于教育管理的全过程;第三,它明确了运用教育管理方法的目的是解决教育管理问题、实现教

育管理目标；第四，它指出了教育管理方法在活动方式、管理手段、工作措施等方面具有多样性。

(二) 教育管理方法的特点

教育管理方法是管理科学理论和方法在教育教学领域的移植、借鉴和发展，是教育学理论和方法在教学管理中的具体运用，因而它既具有一般管理方法的特点，又具有自身的性质和特点。主要体现在以下几个方面：

1. 目的性

教育管理是一种目标明确的有目的的活动，它通过管理目标来引导管理过程，充分发挥教师、学生的积极性和创造性，使教育管理真正起到推动教学改革、促进教育质量提高的目的；而教育管理方法就是为实现这种目的、达到这一目标而采取的管理方式和手段。由于目的和目标具有多样性，因此也就有不同的管理方法和管理手段。

2. 科学性

教育管理方法是以科学先进的管理思想为指导的，在管理科学中已经形成并在实践中被证明是行之有效的管理方法与手段，因而可以直接或间接地渗透和移植到高校教育管理中来，如系统论、控制论、信息论、耗散结构论、协同论、全面质量管理理论、决策理论以及数理统计、网络技术和计算机技术等，在教育管理理论和方法中都能充分地体现和加以运用。

3. 中介性

教育管理理论必须通过教学管理方法才能在管理实践中发挥作用。教学管理方法是现代管理原理和教育教学理论的自然延伸和具体化，是管理理论指导管理实践的必要中介和桥梁，是实现教育管理目标的途径和手段。

4. 规范性

教育管理方法具有很强的规范性和原则性，它为教育管理的具体活动、各项工作指明了必须遵循的途径、程序和方式。这些程序和方式不能轻易打乱，否则就会导致教育管理方法失效。当然，教育管理方法也要突出弹性管理，尽可能减少不必要的规范、规定和要求。

5. 普遍性

教育管理方法大都具有抽象性和普遍性的特征，亦即各种方法都扬弃了教育管理过程中各自的具体特点，只着重于管理过程的一般性特征和普遍性问题，侧重于管理活动中的共同规律。普遍性较高的教学管理方法，可以适用于种种具体的情况，运用于各种不同的管理范围和活动领域。当然，有些具体的管理方法则具有较强的针对性。

6. 系统性

一方面，每一种教育管理方法都自成体系，都有其内在的系统特征，包括有明确的目标和功能，一定的程序、步骤、方式和途径，一定的限制条件和适用范围等。另一方面，各种管理方法相互联结、相互依存，以促进管理方法整体化运作，形成教育管理的方法体系。

7. 多样性

高校教育管理因管理活动的主体、对象、内容、形式、目的等的多样性，而采取不同的管理方式和方法，以保证教育管理目标的达成。教育管理方法可以从不同的角度、按不同的标准加以分类。例如，按管理方法的权威性和作用机制不同，可分为行政方法、法律方法、经济方法、教育方法；按管理对象的范围不同，可分为宏观管理方法、中观管理方法和微观管理方法；按管理方法所处的层次，可分为哲学方法、一般方法和具体方法；按科学性、精确性的程度，可分为经验方法、科学方法或定性方法、定量方法等；按管理对象的性质不同，可分为人力资源管理方法、物资管理方法、财务管理方法、信息管理方法；按产生的历史时期不同，可分为传统方法、现代科学方法等；按管理活动类型的不同，可分为预测方法、决策方法、控制方法、制度方法、程序方法、目标方法等。随着人们对管理方法认识的深化，高校教学管理方法体系也将不断完善和日趋多样化。

二、数字化背景下教育管理的系统方法

高校教育管理特别是教学质量管理作为高校管理的重要组成部分，是作为一个相对独立的子系统而存在的，并对高校管理系统产生影响。因此，系统科学的思想和方法就成为建立高校教育管理系统的理论基础。只有用系统论的观点和方法审视高校教育管理问题，研究教育管理系统各要素间的相互联系与相互影响，分析系统的结构与功能，才能实现教育管理的科学化和现代化。[①]

（一）系统分析的程序

运用系统方法必须按科学程序办事。高校教育管理中的许多重大问题，因为

---

① 单林波. 高校教育管理体系构建研究［M］. 北京：首都师范大学出版社，2022.

其联系复杂，制约因素多，所以无论是决策还是指挥、控制，绝不是可以靠少数人的狭隘经验和主观臆断就可以解决的，而应遵循系统分析方法的一般步骤和程序，即提出问题、明确目标，搜集资料、分析问题，提出方案、建模选优，组织实施、控制调整。

（二）系统方法的基本原理及在高校教育管理中的应用

系统管理是现代管理科学的重要组成部分，它是以系统论作为管理的理论依据，以系统方法对管理对象进行科学管理。数字化教育管理系统是把教学管理活动中的人、财、物、信息和时间等各种基本资源经过合理组织和有效利用，最大限度地发挥其作用，完成教育目标的一种数字化管理系统，是由人的系统、组织系统、数字信息系统等组成的多因素、多序列、多层次的复杂系统。高校教育管理活动是一个复杂的系统，它具有自身的构成要素、层次和功能等系统特性，如教育管理对象的复杂性与客观性、教育管理过程诸要素的相关性与有序性、教育管理主客体关系的能动性与制约性、教育管理环境的动态性与多样性等。教育工作的系统化管理，就是根据教育工作本身的规律和特点，运用系统科学的方法，把整个教育管理过程作为一个系统进行研究，以求得整体上的最优；通过组织、协调各子系统的关系，使各组成要素和结构组成一个协调运行的整体，以达到系统的整体性目标，达到提高管理效率和人才培养质量的目的。因此，系统方法是高校教育管理中一种非常重要的方法，其基本原理和应用内涵主要体现在以下五个方面：

1. 管理系统的整体性

整体性是系统方法论的核心和基础。系统是指由两个以上相互作用、相互联系的要素、元素、环节、部分，按一定层次和结构组成的具有特定功能的有机整体。"整体大于部分之机械总和"，这一命题是系统整体性的集中体现，所以整体性又称非加和性。系统的整体功能不等于各个要素之功能的简单相加，而是要大于各部分功能之和。系统的各部分在组成一个整体后，各部分不仅发挥其原来的功能，而是有机地结合在一起，产生出"1+1＞2"的功能。这种功能的产生是一种质变。这就要求高校教育管理者在研究和处理问题时，要树立牢固的全局观念，始终把管理对象看作一个有机整体，而不是孤立地研究它本身，否则就会犯"头痛医头，脚痛医脚"的毛病。在研究任何问题前，首先都要弄清它处在一个什么样的系统之中，它所处系统的性质和整体目的，它在这个系统中的地位和作用，它与该系统中其他各因素的关系，它在这个系统中所处的环境条件等，只有把这些问题弄清了，才能正确地对它进行判断，才能保证整体的优化，达到配合整体功能的要求。

2. 管理工作的目的性

目的性是系统论的首要思想，在与环境相互作用的过程中，开放系统会达到一种稳定的状态，这种稳定状态表明系统具有目的性。系统的目的性就是系统的功能所表现的趋向性、方向性。如在企业质量管理中，质量方针目标的制定是质量管理体系的基础，围绕这一目标，各子系统齐抓共管。质量方针目标是指导质量管理体系构建的企业经营的指导方针和行动方向，包括组织结构布局、明确质量职能、过程规划、资源分配等方面的内容。在高校，教育管理主体和管理对象处于特定的教育质量管理体系中，教育管理主体必须运用系统的理论组织教学质量管理活动，运用系统的方法对教学体系的运行进行调控和控制，这也是教育质量管理目的的体现。全面提升教学质量，培养适应经济社会发展需求的人才，是高校教育质量管理体系的核心价值目标。

根据系统方法的目的性原理，任何管理行为都是为了实现系统的价值目标。高校教育质量管理系统的价值目标主要包含两个方面：一是全面提高教学质量，使培养的人才适应经济社会发展的需要；二是提高教学质量管理工作的效率和效益，两者要有机结合，不可偏废。因此，作为高校的领导，必须紧紧把握住教育质量管理的价值目标，制定出符合本学校、本单位特点的，与教育方针相一致的总体人才培养目标，要指导下属各部门、各单位都要围绕这一总体目标制定出协调一致的具体分目标。当子系统的目标与整体目标矛盾时，要以实现总体目标为准则。各级管理者还要善于把握目标的发展方向，消除各种影响系统目标实现的干扰因素，确保教学质量管理价值目标的实现。

3. 管理要素的相关性

系统论认为，系统就是相互关联和相互作用的一组要素构成的整体。系统的相关性是指系统内部要素与要素之间及系统与外部环境之间的相互联系、相互依赖、相互作用的特性。这告诉我们，系统各要素之间、要素与整体之间、整体与整体之间、本系统与外系统之间存在着普遍的相互联系。因此，系统内外任何要素的存在、运动、变化、发展，都与其他要素相关，并在系统的内、外部形成一定的结构和秩序。高校教学管理系统是社会系统和学校管理系统的一个组成部分，是社会和学校大系统的一个子系统。一方面，社会上的政治、经济、科技和文化等因素的变化，制约和影响着高校的人才培养和教育管理工作，只有重视了教学及其管理系统与社会环境的相互作用，教育管理才有生机和活力；另一方面，要保证教学管理系统与学校管理大系统中的教师管理系统、学生管理系统、科研管理系统、后勤管理系统之间的协调发展。当然，高校教育管理系统也要处理好各部门、各层次、各要素间的相互关系，并将其合理组合起来，实现交叉和整体优化。

4. 管理过程的动态性

在系统论看来，任何系统都是一个整体运动过程。系统方法要求我们以动态的观点去分析考察事物的运动状态和运动过程。从明确办学定位，进行社会需求和人才市场调查，到确定人才培养目标和培养规格，进而确定课程体系、教学内容和教学过程，再到加以实施、评价等，就是系统化教学管理的过程。课堂教学过程也是一个完整的动态系统，其基本要素有教师、学生、教学媒体、教学措施和教学环境，整个课堂教学过程沿着课前备课与预习、课堂讲课与接受、课后辅导与复习、课终考核与评定这四个程序运行。课堂教学系统要想发挥其最佳功能，即取得最优化教学效果，就必须按照系统论的整体性和动态性原则，依据整体目标优化系统中教师、学生、教学媒体等要素，重视并优化课前预习，课堂讲授、课后辅导、复习、课终检查与考试等程序，使之形成一个有序的动态系统。

5. 管理结构的层次性

系统是由不同层次的等级结构组成的有机整体，无论是结构，还是功能，系统都可以划分为不同的等级层次。高一级系统包含低一级系统（子系统），而低一级系统往往是高一级系统的要素（子系统）。它告诉我们，系统要素的结构与功能之间存在着不可分离的关系，通过对系统要素的等级层次的有序化建构和协调，可以实现系统整体功能的最优化。因此，在分析和认识系统整体的性质、目的和要求的基础上，还要将这个系统整体加以分解，对系统的各个因素及其内部结构进行必要的分析。对高校教育工作进行系统管理，也要讲究管理的层次性，实现校、院、系等教学管理组织机构的分级管理，实现各个层次的相对独立，做到各司其职。

三、教育管理的控制方法

（一）控制方法的基本原理和步骤

控制论研究问题的基本方法是把研究的对象看成一个整体，并将其称为被控系统，把研究对象受周围环境的作用看成是通过特定通道实现的"信息输入"，把研究对象对周围环境作用下的反应看成是通过特定通道来实现的"信息输出"，把给定信息作用的结果通过输出信息返送回来，并对信息的再输入产生影响，以起到调节控制作用。与传统控制方法不同的是，现代控制方法不是利用行政干预的方法，而是运用信息反馈的方法，对被控制的对象加以控制。简言之，控制方法就是将给定信息（目标、任务、计划、要求等）输入被控制对象，再把对象产生的反应、结果（输出信息）反馈回来，并与给定信息进行比较判断，这当中无需考察该系统内部要素、结构及内容和形式。如果发现这两者有偏差，便采取相应措施加以纠正，从而消除或减少差距，保证既定目标的完成。

控制方法具体运用起来其形式和步骤有很多，要将其运用到组织（如企业）管理中，一般应抓住以下几个环节和步骤：① 明确控制对象。如将组织总体目标或将组织中的人力资源管理作为控制对象。② 制定控制目标。控制方法要求将目标任务作为给定信息输入被控制对象，因而在建立控制系统时必须首先制定目标。③ 制定标准规范。要按标准化的原理对所要完成的目标任务（数量、质量、时间）、责任以及考核的办法，制定出明确的标准，形成一套标准化体系，以便能按标准要求执行，并便于考核和奖惩。④ 实现自我控制。控制方法的核心是被控制对象实行自我控制，凡是组织成员能自己处理的应该让他们自己处理。⑤ 评价实施结果。控制方法主要是运用信息反馈的方法进行控制，所以要对实施结果进行评价。不仅要对最终结果进行评价，在实施过程中，也要及时进行评价，以便按评价的结果进行调整。

(二) 控制方法的基本原则

1. 客观性原则

有效的控制必须是客观的，即要根据组织的实际情况，采取必要的纠偏措施，以促进组织活动沿着原先的轨道继续前进。客观的控制源于对组织活动状况及其变化的客观了解和评价，这就要求在控制过程中所采用的检查和测量技术与手段必须能正确地反映组织活动的真实状况，准确地判断和评价组织内各部门、各环节的工作与计划要求的相符或相背离程度，从而制定出正确的措施进行客观的控制。

2. 适度性原则

适度控制是指控制的范围、程度和频度要恰到好处，防止控制过多或控制不足。控制常给被控制者带来某种不愉快，对组织成员行为的过多限制，会扼杀他们的主动性、积极性和创新精神；但过少的控制，将会导致组织过于松散，不利于组织活动有序进行，也就不能保证各部门活动进度和比例的协调，将会造成资源的浪费和组织活动的混乱。适度的管理应该既能满足对组织活动监督和检查的需要，又能避免与组织成员发生冲突而打击工作积极性。

3. 适时性原则

对组织系统在运行过程中产生的偏差，只有及时采取措施加以纠正，才能避免偏差的扩大或防止偏差对组织不利影响的扩散。及时纠偏，要求管理人员及时掌握能够反映偏差产生严重程度的信息，如果等到偏差已非常明显，且对组织造成了不可挽回的影响后，反映偏差的信息才姗姗来迟，就不可能对纠偏产生什么作用。

4. 反馈性原则

反馈是控制论中的一个重要概念，指施控系统的信息作用于受控系统（对象）后产生的结果的信息，再被输送回来，并对信息的再输出产生影响的过程。所谓反馈性原则，就是运用反馈原理，使施控系统根据反馈情况调节受控系统的信息输入，以实现控制的目的。反馈有正反馈和负反馈之分，如果反馈结果不断强化原运动过程或强化偏离目标因素，加速系统的不稳定性甚至导致系统崩溃，就是正反馈；如果反馈结果不断削弱原运动过程的偏差，使其稳定地趋向目标状态，就是负反馈。反馈是系统稳定存在和顺利发展的保证。

5. 柔性化原则

组织系统在运行过程中，常常会遇到某种突发的、无力抗拒的变化，这些变化使组织的计划与现实条件严重背离。柔性化控制要求组织制订柔性的计划和灵活性的衡量标准。灵活的控制系统应在这样的情况下仍能发挥作用，维持组织的运行。也就是说，教育管理应该具有柔性和灵活性。

（三）高校教育管理质量的控制方法

高校教学过程及其质量管理活动实际上是一种控制过程，可以运用控制论方法来进行管理。所谓教育质量控制，其基本含义就是按照教育教学规律，通过信息的传递、交换、处理和反馈，对各部门、各系统、各成员的教育教学工作进行有序调控，促使教育教学质量向着预定目标发展。可见，教育质量控制实质上是对教育质量发展的可能性进行有方向的选择并加以调控的过程。为使整个教育质量管理大系统合理地运行，必须建立有效的教育质量控制系统作为保障。教育质量控制系统主要包括目标控制体系、教育过程控制体系、教育信息反馈体系三个部分，它是通过对教育目标的前馈控制、对教育过程的适时控制和对教育信息的反馈控制而形成的一个完整的闭合系统。教育质量控制的有效性，取决于科学的质量控制方法。控制论中的控制方法包括前馈（事前）控制、适时（事中）控制和反馈（事后）控制三种，教育质量控制同样也包括这三种方法，并细分为定向控制、条件控制、程序控制、随机控制、反馈控制等具体控制方法，它们共同构成了教育质量控制的有机整体。

1. 前馈控制

前馈控制也称事前控制，即通过系统输入和信息馈入，使之在运行过程的输出结果受到影响之前就做出纠正，它是一种面向未来的控制，其重点在于"防患于未然"。教育质量管理中的前馈控制，是指在教育活动开始之前，对教育准备工作及影响教育质量的各项因素进行分析与控制，这是一种以预防为主的主动的教育质量控制方法。实践证明，前馈控制意识越强，教育质量管理中的失误就越少。前馈控制主要包括定向控制和条件控制两种方法。

（1）定向控制法

控制论认为，任何系统在进行优化控制时，都必须设置明确的控制目标，控制目标的制定是十分必要的。把好目标关，既是活动的出发点和落脚点，又是管理活动的根本依据。缺少目标或者没有明确的目标，就很难得到有效的控制；同样道理，目标不明确、方向不正确的教育质量管理也会走偏。指导教育质量的定向控制是引导教育质量朝着设定的目标前进，通过确立教育质量目标，对任何偏差都要加以纠正。主要措施包括：一是先定下人才培养目标，再根据目标对人才的知识构成、能力构成、素质构成等方面进行研究；二是制定教案，根据教案安排课程和授课环节；三是制定教学质量规范，实行质量监测与考核，促进教学管理效果；四是制定专业、课程等质量评估指标体系，并以此对专业、课程等的建设进行目标导向和质量诊断；五是制定明确的课堂和实践教学目标，以对整个课堂和实践教学的控制有一个总的依据，从而实现对教学工作的优化控制。

在采用目标定向控制法时，要注意根据学校的师资、办学资源、学生素质等实际条件，提出一个经过努力可以达到的质量目标，并制定近期计划和中长期规划。这样，提高教育质量就有了方向，质量管理就有了依据。

（2）条件控制法

条件控制就是根据调查和教育预测，事先设计、提供和创造一定的条件，或者有针对性地排除一些可能干扰教育质量的因素，保障教育活动的顺利进行。主要措施有：提高教师、教育管理人员和政工干部的素质和业务水平；改善教学设施、仪器设备、实习基地、图书资料等教学物质资源条件；建设优良的校风、教风和学风，营造良好的教学环境；提供良好的学习、工作和生活条件，不断改善科研条件、办公设备条件和校园环境等。

2. 适时控制

适时控制也叫事中控制或同步控制，它是在活动正在进行的过程中所实施的控制，其纠正措施也作用于正在进行的计划执行过程之中。进行适时控制，可以在发生重大损失之前及时纠正问题。适时质量控制的中心任务就是要依据教学计划和质量标准，及时发现偏差并适时加以纠正，防止偏离教学计划和质量目标轨道，确保教学活动的质量。适时控制包含程序控制和随机控制两种方法。

（1）程序控制法

实施程序控制，就是依据教育工作的运行规律，建立教育活动的工作程序和管理工作的日常程序，促使教育管理过程诸环节的运行向着合乎目标的方向发展，并通过信息反馈随时调节纠正运行中的偏差。教育质量目标的实现，是一个连续的、有序的螺旋上升运动过程。程序控制法的实质在于确保质量发展过程的连续性，为此，应当建立如下的程序控制：① 建立学制阶段全过程质量管理的一般程序：按学生身心发展规律安排作息时间，按教学计划的规定开设课程，按学校培养目标和学位授予标准决定学生的毕业、肄业或学位授予等。② 建立学期工作管理的一般程序：学期初抓计划，期中抓检查，期末抓总结，平时抓落实。③ 建立师生教学活动的一般程序：教师建立认真备课、上课、作业批改、答疑、实验、实习，以及考试考核和教学总结等教学工作程序；学生建立先预习后听课、先温习后作业、先准备后实验、先复习后考试的学习程序；教育管理人员建立计划、实施、检查、总结、交流、考评与奖惩的教学管理工作程序。虽然质量控制的程序是严格的，但绝不是一成不变的，它会因内、外环境变化而经常发生变化。

（2）随机控制法

所谓随机控制，就是在教育教学运行过程中，及时沟通和反馈信息，并采取有力的调控措施，排除造成质量波动的各种干扰因素，使教育工作运行正常，教育质量得以不断提高。教育系统在其运行过程中，经常会受到内、外部环境因素的干扰，内部环境因素如教师教学态度不端正、教学仪器故障等，外部环境因素如教室外的喧闹声等，从而使教学质量出现波动或偏离目标轨道。这时，就需要进行随机控制。

3. 反馈控制

反馈控制也称事后控制，是以系统输出的变化信息作为馈入信息，通过反馈作用调节和改进系统的运行状态，防止已经发生或即将出现的偏差继续发展或再度发生，从而预防将来发生更大偏差。要使整个教育质量监控系统合理地运行，必须通过教学检查、教学督导、教学评估及信息反馈等途径，建立有效的教学状况信息反馈系统，来实行反馈控制。通过对教学活动的最终结果偏离目标的差距进行分析与信息反馈，发现存在的问题和偏差，并及时采取措施补救，确保教学活动不偏离目标和达到预期的目的。如果达不到预期的目的，补救是要花代价的，并且有的还不可补救。因此，反馈控制的行为带有一定的"亡羊补牢"色彩，要使质量控制达到事半功倍的效果，就应把控制重点放在事前控制上。

反馈控制的一个典型模式是循环控制，循环控制的目的是及时地总结一个周期工作的经验教训，适时地反馈到下一个周期，对下个循环的教学工作进行调控，以不断优化教育过程和持续改进教育质量。

第三节　数字化在高校管理部门中的应用

一、数字化在招生就业管理中的应用

传统的人工招聘和用工管理模式随着数字化社会的进步和互联网技术的普及，已经不能适应大学培养实用型人才的需要。所以，现在很多高校都建立了招生就业管理制度，并将其建立在信息化的基础上。由于人工操作不像机器一样精确可靠，在管理过程中难免会出现差错或疏忽，导致传统的招生就业管理系统存在诸多弊端。随着数字化信息化时代的来临，学校在招生、就业管理等方面都开始运用先进的仪器、设备开展工作。比如，在传统的管理模式下，高校对招生人

数、学历背景、生源情况、家庭状况等，都需要人工录入、计算、统计；虽然电脑的一些功能可以帮助工作人员进行资料操作，但资料的产生还是要靠人工来完成。数字化技术可以帮助学生更好地了解招聘单位的实时情况，从而促进学生的就业质量，达到就业满意度的提高。

1. 培养管理人才的数字化能力

提高管理人员对数字化系统的认识，应从设备功能、数字化管理、信息化等方面着手，对原有管理人员进行专业技能培训。因此，高校在推进教职工数字化能力培养、构建现代化招生就业管理体系等方面，要做好管理者的继续教育工作。

2. 完善招生就业管理系统

现在不少高校多校区办公，空间上人员分散，造成了管理上的不便。在引进设备的同时，高校要积极招聘管理人员，对学习实践能力强的教职员工进行择优选拔，对其进行充分的岗前培训，确保其上岗到位。

3. 创建新的管理模式

信息化办公在数字化发展的今天已经成为常态，与新的管理体制不相适应的是传统的管理方法和配置。高校要有针对性地建立与之相适应的新型数字化管理体系，构建数字化背景下的新型管理平台，立足于招生就业的长远和可持续发展需求。及时引进新的信息技术，简化办事流程，提高办事效率，减少人工工作压力，提高人力、物力资源利用效率。各高校要通过加大宣传力度，投入经费和信息化技术，充分利用校友和社会机构的支持，积极构建现代化招生就业管理体系，打造招生就业管理新平台。

4. 加强信息的安全保护措施

为了加强对学生数据和系统管理人员的保护措施，谨防信息泄露，成功构建信息化的招生就业管理体系，学校不仅要关注系统建设本身，更要防范信息化时代可能面临的风险。

学校管理系统的数字化建设在数字化时代已经成为一种不可避免的趋势。数字化技术在构建高校招生就业管理体系的过程中得到充分应用，工作效率和管理水平都得到显著提高，学生能够更好地获取丰富的招生信息、选择自己心仪的高校并顺利实现就业，同样也可以选择更好的单位实现就业，为大学的发展创造更广阔的发展空间。①

二、数字化在高校财务管理中的应用

随着科技的进步，云计算、大数据、区块链和人工智能等互联网技术日益普及，并深度融入各个业务环节，尤其在财务管理方面，带来了前所未有的优势。这些技术不仅改善了财务数据的收集、处理和分析流程，还提高了财务决策的效率和精确度。

(一)数字化背景下高校财务管理模式

1. 数字化财务管理模式

在数字经济时代下，财务管理工作越来越受到数字经济及数据形式的影响。数字化转型过程中，大数据及人工智能技术为财务管理提供软硬件基础，开展专项财务升级与改造，逐步优化数据处理系统功能。与传统财务管理模式相比，数字化财务管理工作的业务服务水平更高，业务指导职能更为细化。通过深入业务前端，能够为业务单元提供各项经营决策，从而更好地分析及处理数据信息，促进财务及业务融合。财务技术升级与数据设备引进环节还需要注重学校管理结构及职工思维认知的转变，将数字化转型贯穿于财务管理全过程，确保各部门及工作人员均能够在企业财务管理过程中充分发挥应有作用。

2. 数字化财务管理基础

数字化财务管理工作首先需要进行人力资源转型。虽然现阶段许多环节使用到人工智能技术，但设备始终无法完全取代人的主观意识及主观能动性，特别是财务管理环节存在的外在影响因素较多，需要人员参与。因此，应当切实更新员工工作观念，提升员工管理理念和信息系统操作技能。

(二)数字化财务管理内容

1. 会计核算

在会计核算环节开展财务管理数字化转型工作，主要借助线上费用控制系统，快速生成财务凭证，满足收支凭证自动生成目标，大幅度提升工作效率，提高学校财务管理水平。借助大数据技术可以准确提取到财务管理的各项指标信息，每项财务决策依据都可借助人工智能设施获得分析结果及人工评估报告。而

---

① 傅丽娟. 信息技术在高校招生就业管理中的应用[J]. 科学咨询（教育科研），2020（2）：41.

针对财务风险评估环节，可以将逻辑分析及主观判断依据交给人工处理，充分发挥人力及数字化技术的应用优势，进一步提升人力资源利用水平。

2. 预算管理

高校预算管理工作主要包括设备采购、固定资产、教职工工资、科研经费、其他服务等。在预算环节开展数字化改造工作，可借助综合预算方式，依照财务与非财务项目维度进行数据处理。建立符合高校管理要求的成本预算与线上报销系统，对各项财务数据展开智能化报销审核与实时管控，实现预算管理刚性控制及柔性调节相结合目标，为财务预算提供更多高效数据支持。

3. 资金结算

财务信息数据的安全性较高，在数字化转型过程中还需构建涉密网络，资金支付系统由部门专项管理。在网络环境不变的情况下，借助数字化技术能够进一步提升支付水平，在支付环节可以依照需求自动生成支付信息表，为后续财务管理及决策提供重要数据支持。数字化资金结算不会因受到人工操作失误影响而出现误差，其获得的数据结果客观准确，因此能有效降低人员编制压力与工资支出比例。

(三) 数字化背景下财务管理工作要点

1. 做好财务分析平台设计工作

在数字化财务管理平台投入使用前可建立试点使用单位，优化升级财务数据库，完善财务分析平台功能，避免在数据管理过程中出现遗漏问题，因而对财务管理效果造成不利影响。在财务信息管理平台推广及应用环节，还需要聘请专业的平台开发商以及技术团队，对平台展开专项管理及维护。积极开展技术人员专业技能与职业素养的培训工作，充分发挥财务分析平台在保障财务管理效果中的积极作用。

2. 注重大数据下条件财务分析调研及顶层设计工作

财务分析工作会面向学校各个职能部门，数字化平台建设较为复杂，决策层、管理层以及基层工作人员需要明确认识到大数据技术应用在数字化财务平台建设中的重要性，共同推动数字化财务平台建设进程，确保数字化技术能够得到高效应用。财务管理部门在构建财务数字化平台过程中不仅能够关注当下的问题，还需要具备前瞻意识，确保构建起的数字化财务平台能够围绕阶段性财务业务及发展要求，符合不断变换的服务流、各级管理流以及业务数据流建设条件，进行全面平台规划。结合企业生产经营建设特征与各部门展开协调，密切关注各业务部门的实际实施需求，对已有信息系统展开学习与分析，充分了解各系统数据特征，有针对性地开展财务数字化平台的数据设计工作。

3. 加大财务数据挖掘工作

随着大数据时代的到来，具有价值的数据挖掘及利用更为重要，没有价值的数据无法被应用到各项决策工作中。通过分析传统财务数据，发现其具有后端性特征。在大数据环境下，财务数据可提供种类更加完善的数据服务，数据内容朝前端化方向转变，更为接近市场与消费者真实需求。前端数据的采集与价值挖掘需要以财务指标化为前提，通过制定各项财务指标，分析项目开展情况，为重大事项提供决策支持。因大数据下财务数据具有明显的时效性特征，数据价值挖掘速率与数据利用效果存在密切关联，管理人员需要在有限的时间内从海量财务前端数据中获取到具有决策价值的信息，实现财务人员数据合理应用目标。着重分配数据管理职责，确保财务人员能够在规范化实施传统财务分析工作的基础上，做好筛选并管理财务信息及数据库工作。

4. 提供财务分析工作决策

财务管理数字化转型过程中需要积极使用财务数据，提升财务数据利用率。在数字化转型背景下，针对财务管理开展工作，还需注重收集宏观数据，使收集到的数据更为充分。借助大数据技术还可以在财务管理过程中构建功能完善的数据库，开展事前风险分析、事中管控及事后业绩评估工作，依照数据分析结果，不断优化预测方案内容，增强财务管理效果。①

(四) 财务管理中的数字应用技术

1. 云计算

在数字化时代，云计算已经成为一门重要的技术，正在改变财务管理的方式。云计算提供了安全、灵活、可扩展的解决方案，使企业可以访问和管理自己的财务数据。云计算的核心优势在于无须投入大量资金购买和维护硬件，这减少了设备维护的成本。以此为基础，财务管理通过云计算实现了高效和自动化。一些复杂的财务流程，如预算编制和预测、财务报告、账单处理、审计与合规等，都可以通过云计算平台进行自动化处理。这不仅提高了工作效率，也降低了失误的概率，从而提高了财务管理的准确性和质量。此外，云计算也带来了数据安全

---

① 徐明慧. 数字化时代互联网技术在财务管理中的应用研究 [J]. 营销界, 2023 (14): 35-37.

和隐私保护。通过使用云计算，将数据存储在云端，并通过加密保护来确保其财务数据的安全。与此同时，云计算还可以提供实时备份和恢复服务，确保数据的连续性和可恢复性。云计算的另一大优势是它的可扩展性和灵活性。随着业务的发展，可以根据需要调整其云计算资源，无须进行大规模的硬件升级或替换，这种灵活性能够随时应对各种变化，保持财务管理的灵活性和敏捷性。

2. 大数据

在数字化时代，大数据已经在财务管理中发挥着重要的作用。大数据涉及大量数据，为企业提供更深入、更准确的见解，从而作出更好的决策。在财务管理中，大数据的应用体现在多个方面。预测分析是大数据在财务领域中的一个主要应用。例如，通过收集和分析大量数据，预测分析可以帮助企业预测未来的销售额、利润和成本，使得财务决策基于更准确的预期，而非过去的趋势，这样可以更好地规划预算，更有效地分配资源。风险管理是大数据在财务领域的另一个重要应用。通过分析大量的内部和外部数据，可以更好地理解和量化风险，并找到降低风险的方法。例如，通过分析历史数据，可以预测可能发生的财务危机，并提前采取措施防止或减小其影响。此外，大数据还可以提高财务报告的准确性。通过自动收集和分析大量数据，可以更快地生成准确的财务报告，这对于满足监管要求以及给利益相关者提供信息非常重要。值得注意的是，大数据的处理需要专业的知识和技能，包括数据收集、数据清洗、数据分析和解释结果等。

3. 区块链

在数字化时代，区块链技术在财务管理中的应用已经受到越来越多的关注。作为一种分布式数据库系统，区块链能够以安全、透明、不可篡改的方式记录交易，从而为财务管理带来了许多创新的可能性。在财务管理中，区块链的一个主要应用是智能合约。智能合约是自动执行的合约，它们在区块链上创建，只有在满足特定条件时才会执行。智能合约可以自动处理支付和结算，大大提高了财务操作的效率，降低了错误和欺诈的可能性。此外，区块链也可以提高审计的效率和准确性。由于区块链的透明性和不可篡改性，审计员可以直接访问所有交易记录，而无须进行烦琐的手动检查，这样不仅减少了审计的时间和成本，也提高了审计的质量。区块链还可以帮助企业更好地管理供应链。通过在区块链上记录所有的供应链交易，可以获得对供应链的全面视图，从而更好地跟踪和管理成本。此外，由于区块链的透明性，还可以更好地管理风险，例如防止欺诈和假冒。值得注意的是，虽然区块链在财务管理中有很大的潜力，但是也存在一些挑战，例如技术复杂性、监管不确定性以及需要计算能力和存储空间。因此，在采用区块链技术时需要仔细考虑这些问题，必要时可能需要寻找专业的技术支持。

4. 人工智能

在数字化时代，人工智能（AI）已经成为财务管理的重要工具。通过使用算法和机器学习技术，AI 能够自动处理海量的数据，从而提高财务管理的效率和精确性。在财务管理中，AI 的广泛应用，包括预测分析、自动化处理、风险管理和审计等。AI 可以自动完成大量的财务任务，例如生成报告、处理发票和支付，以及进行账目平衡等。这不仅减少了人力，也降低了发生错误的概率，提高了工作效率。AI 的预测分析能力也对财务管理有重大影响。通过分析大量的历史数据，AI 可以预测未来的财务状况，例如销售额、成本和利润等。这使得财务决策可以基于更准确的预期，而不是仅仅依赖过去的趋势。AI 还可以更好地管理风险。通过使用机器学习算法，AI 可以分析大量的数据，识别可能的风险模式，并提前提醒，从而避免可能的财务损失。此外，AI 还可以提高审计的效率和准确性。通过自动检查所有的交易记录，AI 可以帮助审计员快速找出可能出现的问题，从而减少审计的时间和成本，提高审计的质量。然而，尽管 AI 在财务管理中有巨大的潜力，但也存在一些挑战。例如，AI 需要大量的数据进行分析，而数据的质量和安全性是一个重要的问题；此外，AI 的决策过程可能缺乏透明性，这可能引发监管和道德问题。①

三、数字化在高校干部人事管理中的应用

（一）数字人事的概念及内涵

1. 人力资源管理的概念及内涵

人力资源管理成为当前全球政府部门、企业和学术界关注的重点话题，对于其在实际中的价值认知不断提升。管理学家彼得·德鲁克在研究过程中，首次提出人力资源这一概念，他强调人力资源作为管理的重要内容，会随着时代的发展而发生变化，因而具有与时俱进的基本特点。人力资源也属于资源的重要组成部分，但有共性的同时存在诸多的特殊性，包括扩展性、能动性和生物特性。人力资源管理的基本内容在实践中表现在不同层次，既包括战略规划，同时也包括工

---

① 林生星. 浅谈数字化时代的互联网技术在财务管理中的应用发展 [J]. 营销界，2023 (21)：5-7.

作人员的选拔培训以及绩效管理等诸多方面。总体来看，人力资源管理是对人力和劳动力资源进行综合的组织协调和调配，并将社会再生产的要求作为指引的基本方向和主题，以此保障社会经济的可持续发展。

2. 数字人事管理的概念及内涵

数字人事是指在税务系统内，根据中央关于干部考评和日常管理制度规定，运用信息化技术手段和大数据理念，结合人事管理相关理论和配套的制度办法，对干部职工进行考核评价而建立起来的管理体系。公共部门人事管理涉及的不仅仅是工作业务量，还涉及"德、能、勤、廉、评、基"等各方面，以数据量化和规范化的方式度量公共人力资源管理成效，实际是以互联网为载体的一种个人绩效管理的全新尝试。

数字人事是运用"大数据＋绩效管理"理念，设计全系统人事工作可视化的数字管理手段。数字人事管理实施的目的是要加强考核的客观性和公平性，将日常管理和绩效考核相结合，使得干部不仅注重业务能力，还要注重个人发展与岗位胜任力培养，从而提高部门人事管理的高效性。数字人事不同于传统的人力资源管理，两者的差异性主要体现在数据采集以及数据量化方面。首先，在数据采集方面，数字人事不再局限于人力资源部门掌握的人员基本信息和人力资源管理过程中产生的数据，数字人事管理更加注重组织成员或团队在生产经营过程中累积的数据，同时还将大量外部数据，如社交媒体、招聘网站、劳动力市场、宏观经济统计等数据纳入数据库中，因此数字人事相对于传统人事管理具有广泛的数据接口和强大的数据采集能力，数据不仅"大"而且"厚"，呈现泛互联网化特点。其次，数字人事在量化分析方面具有更强的数据挖掘、预测和分析能力，数字人事不仅专注于数据的收集、存储和查询统计，还能够利用多种结构的数据，例如离散型、字符型等不同类型的数据，基于其数据挖掘模块和预测分析模型分析数据的价值，从而能够做出更加全面的管理研判。

（二）数字人事管理理论适应性分析

人事管理的相关理论发展速度非常快，经典的理论层出不穷，各有千秋。人力资源管理理论在近年校园管理理论中具有重要影响。人事管理以对人管理为核心，重点研究组织成员对工作的态度和行为，通过一系列方法和制度促进组织成员努力工作，提升员工工作绩效，并且努力与组织发展目标达成一致。只有数字人事管理系统与现实中人力资源管理的关系能够较好地处理（人事管理中领导干部之间、下属成员之间、个人绩效与组织绩效之间的内在逻辑关系），才能更好地完善和使用数字人事管理系统。政府实施数字化管理为数字政府的建立提供了重要前提。数字化管理将政府公共部门员工的工作进行量化记录，并且将不同类型的数据都纳入数据库，经过数据模块的清理、分析，从而实现考核目的。归根结底，数字人事是管理系统干部的一套集基础信息管理、绩效考核管理等多种功能为一体的应用系统。数字人事管理系统只是利用大数据模块和技术实现人事管理的信息平台，其本身不具备识别和分析、评估干部绩效的能力，其分析模块背后的理论支撑还是人力资源管理理论和激励理论等，例如公平理论、期望理论等。只有以人力资源管理理论作为基本框架，灵活应用和完善数字人事管理系统，才能实现数字人事管理的目标，实现干部实绩评估、提拔任用、考核问责等多方面的功能；同时也能体现数字人事管理系统的价值，从而真正实现数字人事管理。例如，数字人事管理中涉及薪酬内容，需要根据公平理论关注薪酬的公平性问题，同时还要注意建设公平的上下级互动机制，从而确保互动的公平性。

四、数字化在图书馆管理中的应用

数字化时代的到来，使广泛接受数字化生活的人们改变了生活方式，并深深依赖于其快速、高效的特性。图书阅读领域随着数字化信息技术的普及，不仅使人们在阅读上更加便捷，而且使其在阅读习惯上也发生了很大的变化。为促进学生在高校图书管理中更便捷地阅读，大学图书馆应顺应时代潮流，将传统的图书管理方式转变为数字化管理模式。①

（一）大学图书管理模式数字化建设的重要意义

大学图书馆是同学们进行课外交流、学习的主要场所，也是同学们重要的知识获取殿堂。在当前的数字化信息时代，人们对信息技术的需求正朝着多元化方向发展，在图书馆对信息服务设施的要求非常高的情况下，人们更愿意通过自己获取信息的方式来获取信息。因此，大学图书馆在实施数字化建设的过程中，要使师生在这方面的需求得到满足。在数字化不断快速发展的条件下，应以服务为管理理念，给予读者充分的尊重，促使数字化信息化服务水平不断提高，从而保证读者日益提高的个性化需求得到满足。

---

① 郑东锋. 信息时代数字化图书馆管理模式创新的几点思考［J］. 数字与缩微影像, 2019（3）：25-27.

（二）大学图书管理数字化模式的构建策略

1. 强化图书数字化管理体系规范化建设

数字化图书管理体系规范化建设将进一步完善。要让图书信息更准确，就必须构建规范的图书管理体系，这样才能在图书管理的过程中更便捷。建立完善的图书管理系统，读者可以从网络或多媒体媒介上获得自己感兴趣的图书信息，只需对访问权限进行限制或设定即可。这类系统的搭建相对简单方便，也更容易实现权限限制和维护。

2. 加强建设的安全性以及注重对版权的保护

安全防护是图书管理在进行数字化管理时需要注意的问题。可以从以下几个方面来增强安全性，以应对数字化管理在操作方面对安全性的要求。首先，使用权限的设定，这方面主要是针对使用者设定的，设定一定程度的使用权限，不仅能够让使用者获得所需的相关资料，也能够为使用者在使用权限时提供相应的安全保障。其次，定期开展图书管理员培训，增强图书管理员的安全防范意识和数字化系统操作技能，切实提高他们的安全管理水平，以加强网络安全防范措施。从次，相关资料的及时备份，在图书管理上是必不可少的，备份资料可以很容易地恢复图书管理系统，可以保证在系统出现故障时能被及时修复至恢复正常运行。最后，加强图书资料版权保护工作的力度，可以通过相应格式的设定，如PDF、CAJ等格式来实现版权的保护工作，也可以采取添加水印的方式，对图书版权进行保护，避免出现盗用等现象。

3. 创新图书馆管理模式

图书馆的管理模式直接影响着它的发展，所以管理模式需要改革创新，才能在新的时代背景下实现图书馆的稳健发展。传统的管理方式往往造成工作效率低下，导致借阅图书的效率降低，进而造成人力资源的浪费。人们对电子图书的偏爱随着信息数字化的不断发展而与日俱增，所以，图书馆要紧跟时代潮流，革新图书管理的电子软件平台。

（三）基于数字化技术的图书管理系统应用

数字化技术具有分散性，用户可随时随地自由借阅。网络平台图书借阅是图书管理中最常见的活动，同时也是大数据在图书管理平台应用中最直接的方式。在用户第一次使用图书管理时，需要注册个人账号，其目的是帮助用户更方便地寻找目标图书，同时实现与系统的线上沟通；后台系统也会在账号注册成功后自动生成节点，在大数据上对应成为用户唯一的身份证明。这种做法有效地保护了用户的信息。用户搜索时能够根据系统创建的图书目录选择合适的图书，此目录能够通过网络发送至平台，同时在用户的个人账号中，也会同步图书的所有信息。用户在进行图书搜索时，可在主页面进行浏览，同时能够进行内容的筛选。搜索过程同样可通过搜索关键词完成，图书管理能够建立图书馆和用户之间的智能合约。用户从申请入驻平台开始，图书管理平台就为用户提供全方位的服务，同时用户也会受到严格的监管和审查。用户需要提供真实的个人身份信息等，在信息得到平台审核认证后，才能顺利地完成借阅流程。平台从保护用户权益角度出发，但是这种信任机制也可能被部分不法分子所利用，导致部分用户的信息丢失，为平台的形象带来了极大的负面影响，同时也对用户造成了一定的损失。

(四) 图书管理系统设计

1. 图书流通系统

随着图书馆图书的不断增多，建立情报信息系统已经成为管理图书的重点。图书管理信息数量庞大，来源范围广，想要对这些信息进行集中化处理，需借助数字化技术。图书管理的平台整体由互联网虚拟完成，图书管理的主体包括供应方、消费者等多方面，图书管理综合系统以流通系统为中心。用户的信任建立在图书的真实性基础上，因此图书管理系统在构建过程中，要实现图书的可诉性借阅。通过数字化技术，与图书借阅或销售的所有环节信息，都会被记录在与之对应的区块中，并生成相应的信息。与传统的图书管理所用的跟踪系统不同的是，数字化技术生成的信息，将被永久性记录且不能中途修改。图书在各个流通环节能够被自动地跟踪检测，最终到消费者的手中。图书管理流通的关键在于物品借阅，通过数字化技术能够实现重要信息的分块储存和传递。应用大数据的非中心化技术，能够使图书管理平台的每一笔借阅，都能够生成对应的指令。此指令存储在大数据中不能被篡改，同时能够成为借阅过程中的重要依据，保证了借阅的安全性和公平性，同时能够将信息传送至权威处进行审核，提升了借阅的准确性。流通系统中如涉及图书信息和用户信息的都被记录在相应的区块中，实现了信息的准确性，促进图书管理系统的转型升级。

2. 图书借阅系统

数字化技术能够对数据进行快速处理，同时将不同数据分成不同的类别，建立资源共享的体系。大数据系统能够对信息进行归类和整理，成为图书管理的原始数据，在此基础上进行整合，能够形成完整的数据库。基于数字化技术的图书管理借阅系统储存了借阅信息，可支持用户随时查看图书信息和借阅进度，比传统的借阅节省了时间，同时能够进行智能合约条款。随着互联网技术的发展，数字化技术能够支持跨境图书管理借阅系统的构建，所有的借阅信息能够储存，并进行监督，有效降低了欺诈的风险；同时数字化技术能够对信息进行追踪，能够解决借阅时间过长和手续费过高的问题，有效地减少了诉讼风险和执行风险。

3. 信用系统

传统的互联网技术数据库采用分布式信息，在确认信息的过程中较为简单，只需在一个节点得到确认后，就能够在各个节点上同步，主要在局域网完成。数字化技术能够根据数据的安全等级，设置不同等级的防火墙，能够保证信息的安全。同时数字化技术能够定期地进行数据的清理，保证系统中消息的实时性。信用系统可分为针对内部和针对外部的两种系统。与流通系统和借阅系统相比，信用系统对于图书管理的发展更加重要。图书管理的监管数据需要完整和保密，在确保数据准确的基础上，应用数据链技术能够构建分布式数据库，参与者能够通过数据信息，与监管者达成共识，减少了借阅环节的暗箱操作，提升了售后环节的信息安全问题。此外，每个用户在图书管理平台的借阅时间能够被准确记录，这样确保了部分售后服务和部分责任承担的准确性，使得共享经济模式下用户与平台之间的信任关系更加牢靠。数字化技术能够设置相应的访问权限，只有数据分析人员能够进行登录，同时会对数据使用记录进行实时监控，保证系统的安全运行。同时需要加强工作人员的信息保密意识，在强化收集信息的同时，需组织学习情报的理论知识，积极地借鉴先进的经验。图书管理系统的升级能够有效地对图书借阅者的信息进行保护，同时进行系统的维护，全面提升工作人员的工作能力，通过现代化的手段进行图书馆管理系统的升级。图书管理内部的信用系统主要分为两种。其一是数据处理流程中，所有的参与者进行自行登记，在登记之后所有的数据由主管部门定期审查，这种信任系统处理过程十分复杂且成本较高；其二是授权权威机构，将图书的数据以及流动数据在机构登记，这种信任系统风险集中，且成本较高。为最大限度地减少风险和影响，数字化技术能够建立信息共有且无法篡改的信任系统。

随着时间的推移和图书管理平台的升级，数字化技术的使用仍需要大量的理论研究和实验结论作为支撑。数字化技术的应用为图书管理平台的信息安全，以及提升借阅流程的安全性提供了新的发展方向。

第五章
数字化在高校党建管理中的应用

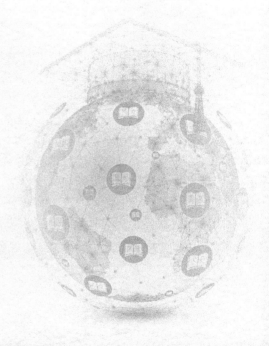

第一节　高校党建管理

一、高校党建工作的内涵

（一）党建工作的界定

党的建设简称党建。中国共产党为实现所制定的奋斗目标，紧密围绕党的基本路线，不断加强党的政治、组织、思想和作风建设，努力提高党的凝聚力、创造力和战斗力，把党建设成为领导全国各族人民不断夺取革命和建设胜利的坚强领导核心。党建包括三个方面的含义：一是研究党建的理论科学；二是在马克思主义党的学说指导下所进行的党的建设的实践活动；三是作为理论原则与实际行动两者中介的约法规章。高校党建作为基层党建工作的组成部分之一，既具有党建的一般特点，遵循党建基本规律，同时又具有自身鲜明的特色。

（二）高校党建工作的分类

高校党建工作分为两大块：学校各级党组织把党的教育方针落实到教职工身上，使之成为学校肩负的历史使命和学校党建工作的重点，团结、教育和引导广大教职工。教职员工党建和学生党建。高校学生党建工作是根据中国共产党组织的要求，针对高校入党积极分子和学生党员在思想、组织、作风、制度等方面开展的有目的、有计划、有组织的培养、教育、发展、管理实践活动，结合青年学生身心发展的特点和规律，由高校党组织和党务工作者开展的一项综合性的活动，并在大学的学生中展开。大学生党组织工作主体包括高校各级党委或总支副书记，专兼职党务干部，负责学生工作的辅导员、班主任等三大部分。工作内容主要有四个方面：一是思想理论，二是组织建设，三是作风建设，四是制度建设。

二、高校党建管理的主要内容

（一）用中国特色社会主义理论体系凝聚思想

从思想上建党，是马克思主义党建学说的主要特色之一。当前，开展对大学生入党积极分子和学生党员的思想政治教育工作,最根本的就是要用马克思主义中国化的最新理论成果武装大学生的头脑,启发引导大学生树立科学的世界观、人生观和价值观。①

用中国特色社会主义理论体系武装大学生,关键是做到以下四点:

第一,必须将中国特色社会主义理论体系作为党建工作的根本指导思想,引导大学生党员深入学习中国特色社会主义理论体系,为大学生的人生价值取向和人生追求奠定科学的理论基础。高校可以凭借自己的理论优势、人才优势、学术优势,拿出一批高质量、高水平、符合高校自身实际的理论教育教材,以促进理论学习活动的开展。

第二,要创新思想理论学习的具体形式。要从根本上破除单一的理论灌输的观念,通过双向互动的形式激起心灵碰撞、产生思想共鸣,将中国特色社会主义理论体系逐渐内化为大学生的自觉行动,达到互相启发、共同提高的目的。

第三,必须以马克思主义科学理论为指导,研究现实生活中广大青年大学生所关心的一系列重大的理论问题,力求科学地回答大学生关注的社会生活中的热点、难点和焦点问题。

第四,要以马克思主义为指导同各种错误的理论思潮和理论观点进行积极的斗争,不断克服和抵制各种落后的、消极的思想文化对大学生的影响和侵蚀,努力提高大学生的思想鉴别能力。

(二)健全基层党组织,打造高校党建的坚实堡垒

基层党组织在基层社会是党的战斗堡垒,是党全部工作的基础,是战斗力的基础。把加强党的基层组织建设作为建党的一项重要原则,切实发挥基层党组织的作用。只有健全和加强党的基层组织,把战斗堡垒作用充分发挥出来,才能在夯实基础上体现全党的战斗力。大学生党组织承担着联系和团结广大大学生的重要职责。党在高校的影响力、号召力和凝聚力,直接影响着大学生党组织的活力和状态。加强基层党组织建设,关键要做到以下三点:一是合理规划大学生党支部的规模;二是因地制宜,科学合理地划分党支部;三是要组建一支富于战斗力的党员干部队伍。

(三)加强作风建设,始终保持党员的先进性

党的作风是党的性质、宗旨、纲领、路线的重要体现,是党的创造力、战斗

---

① 罗永仕,罗智鸣.党建引领社会工作服务模式探索[M].北京:中国财富出版社,2022.08.

力和凝聚力的重要内容。作风建设是党的建设重要内容，也是党的执政根基重要保障。

对于高校基层党组织来说，加强作风建设，可以带动校风、学风建设的开展，充分体现基层党组织的先进性。由于大学生党员是大学生群体中的先进分子，大学生党组织的先进性最终体现为大学生党员的先进性。通过加强作风建设以保持大学生党组织的先进性，关键是要做到以下三点：第一，培养大学生党员理论联系实际的学风，使之成为德智体全面发展的优秀人才，这样才能发挥大学生党员的榜样作用，开展作风建设才有了依托和基础。第二，要鼓励大学生党员深入大学生活的实际，密切保持与普通同学的联系，"急同学之所急，想同学之所想"，自觉关心身边同学的学习生活，为困难同学提供力所能及的帮助，努力培育反映当代中国共产党人精神风貌的新的优良作风。第三，在日常学习生活中开展大学生党员开展批评与自我批评，鼓励他们经常反省自己的思想状况和行为举动，本着有则改之、无则加勉的态度自觉接受普通同学的批评和监督。

（四）完善制度建设，促进党建可持续发展

党的制度是党内各种行为规范的总和，是党的整体意志的反映，具有调整党内关系、规范党内行动、维持党内秩序、保持党的活力、发扬党的优良传统、实现党的整体意志的功能，一般以条例或规定等形式表现出来。加强党的先进性建设，从根本上说，必须建立起一整套便利、管用、有约束力的机制，使党的各级组织对党员、干部实行有效的管理和监督，及时发现矛盾、解决问题，从而使党的肌体始终保持健康。对于基层党组织来说，加强制度建设，意义同样重大。首先，它可以使支部工作不因支委成员的变动而变化，不因个别支委的看法和注意力的改变而改变，防止工作上的主观随意性，保持支部工作的连续性和稳定性。其次，通过坚持民主集中制的组织制度，确保每位支部成员都能够享有平等地参与管理支部内部事务的权利，进而保证支部决策的正确性和科学性，避免和减少工作失误。最后，通过健全支部民主生活制度，切实保障党员的民主权利，疏通党内民主渠道，使党员对支部事务有更多的了解和参与机会，有利于发挥党员的积极性和创造性，还将支部工作提高到一个新的水平。①

---

① 邹东升，陈思诗.新时代党建引领基层社会治理[M].北京：中国民主法制出版社，2021.

三、高校党建工作的指导思想

（一）马克思主义思想是开展高校党建工作的行动指南

高校党组织要以马克思主义思想为指导，在广大学生党员和入党积极分子当中开展一场有关党的性质和宗旨的普及性教育，让每一位受教育者都能够牢记党的性质和宗旨，并在日常生活实践中自觉贯彻执行，以实际行动体现中国共产党的先进性。

马克思主义思想明确了党建的具体内容。马克思主义的思想不是一成不变的理论教条，而是一个动态发展的理论体系。马克思主义经典作家在不同历史时期关于党建的论述构成了这一理论体系的核心。中国化的马克思主义党建学说主要涵盖思想理论建设、组织建设、作风建设和制度建设四个方面，其具体内容一直处于不断发展的过程中。

马克思主义经典作家关于党建具体内容的论断对高校学生党建工作具有诸多现实指导意义。在大学生党员发展工作中，不仅要做到让大学生在组织上入党，更要做到思想上入党；在日常学习生活中，大学生党员要保持与普通同学的密切联系，培养学生党员服务同学和服务社会的意识；高校学生党组织要按照民主集中制的原则开展组织活动，注重加强各项规章制度的建设，加强对大学生党员干部的监督等，以切实增强学生党员的先进性和学生党组织的创造力、凝聚力和战斗力。

（二）马克思主义唯物辩证法是指引高校党建工作开展的根本方法

作为马克思主义三大组成部分之一的马克思主义哲学是世界观和方法论的统一。与机械唯物主义形而上学的方法论显著不同，马克思主义唯物辩证法作为自然、社会、思维发展一般规律的科学，主张用联系的、发展的、全面的观点看问题，是人们认识世界和改造世界的根本方法，因而可以为高校学生党建工作的开展提供科学的方法论指导。在高校学生党建工作中坚持理论与实际相结合、继承与创新相结合、重点突出与统筹兼顾相结合就是将马克思主义唯物辩证法用于指导高校党建工作得出的三条基本经验。

1. 理论与实际相结合

马克思主义唯物辩证法认为，不同事物内部的矛盾各有特点，不同发展阶段的同一种事物之间的矛盾也表现出不同的特点。这就要求人们在实际工作中，在具体问题具体分析上，一切从实际出发，量力而行。马克思主义虽然是普世真理，但它改天换地的巨大威力，只有同各国革命和建设的实践紧密结合起来，才能真正发挥出来，它是一种普遍真理，也是一种普世真理。我们对马克思主义是坚定的，但是马克思主义一定要结合中国的实际，马克思主义的作用只有结合中国的实际才能得到充分的发挥。

具体到高校党建工作，一切从实际出发，具体问题具体分析，关键在于理论联系实际，融会贯通，学以致用。高校党建工作既是一个重大的理论课题，又是一个现实问题，其涉及面广，意义深远。加强高校党建工作是一项实践性很强的系统工程，加强和改进这项工作的有效途径，必须坚持求真务实、开拓创新，在实践中不断探索。

坚持用科学的理论武装党务工作者和大学生的头脑，是做好党建工作的前提。但理论学习也要始终服从和服务于培养合格人才这个中心，坚持用育人的实际效果来检验理论的科学性，这样才能真正实现学习的目的。具体来说，在开展高校学生党建工作时，一定要联系社会主义现代化建设和高等教育改革的实际，联系高校党组织和党员队伍建设的实际，深入调查研究，充分掌握第一手资料，有针对性地选择一些带有普遍性的问题，进行科学分析，总结带有规律性的东西，从而得出正确结论，然后再把它拿到实践中去检验，以指导工作。

2. 继承与创新相结合

联系与发展是马克思主义唯物辩证法的两个总特征。联系指事物内部各要素之间和事物之间相互影响、相互制约和相互利用的关系。世界不是既成事物的集合体，而是过程的集合体。事物之间的普遍联系导致了事物的发展，而事物发展的结果是建立了新的联系。马克思主义唯物辩证法关于联系和发展的观点启示我们在开展高校党建工作的过程中，必须处理好继承和创新的关系。继承体现了事物之间的联系，而创新则体现了事物的发展，创新是在继承基础上的创新，继承是以创新为目的的继承。

3. 重点突出与统筹兼顾相结合

高校党建工作是一项系统工程，千头万绪，繁冗复杂，如果不分轻重，齐头并进，不仅不能达到化繁为简的目的，而且会使问题更加复杂化，不利于党建工作的开展。只有在认真分析、理性思考的基础上，抓住主要矛盾，突出重点，有针对性地开展工作，才能起到事半功倍的效果。比如，开展学生党建工作的途径有很多种，但是主要途径有党校、网络、社会实践、社团、宿舍等，高校党务工作者只要抓住了主要途径开展工作和研究，就能从整体上提高党建工作的实效性。当然强调党建工作要突出重点，并不意味着忽视次要矛盾的解决，而是要做到统筹兼顾，通过解决主要矛盾带动次要矛盾一起解决。在高校学生党建工作中坚持重点突出和统筹兼顾相结合的原则，体现了马克思主义唯物辩证法"重点论"和"两点论"的统一。

必须指出，马克思主义唯物辩证法对于高校学生党建工作的指导意义并非只体现在以上三个方面，其他如质量互变规律、否定之否定规律、内外因辩证关系原理等对高校学生党建工作的开展都具有明显的方法论指导意义。

（三）坚持以马克思主义为指导，有助于大学生树立正确的世界观、人生观和价值观

马克思主义是人类文明发展的产物，也是人类精神的本质，它是人类文明发展的产物。既是培养社会主义事业的建设者和德才兼备的接班人，也是高校对大学生进行马克思主义理论持续教育的内在要求。作为大学生，认识世界，分析世界，需要有科学的态度，需要有对价值的坚守是否坚持以马克思主义为指导，是判断大学生在思想上是否成熟，能否树立正确的世界观、人生观和价值观是重要标志之一。大学阶段是世界观、人生观、价值观形成的关键时期，加强大学生世界观、人生观、价值观教育是学校党建工作的基本任务之一。只有坚持以马克思主义为指导，才能帮助大学生树立正确的世界观、人生观和价值观。

世界观是人们对整个世界的总体看法和根本观点，世界观的系统化、理论化便形成哲学。世界观所讨论的核心问题在于思维和存在的关系，并根据对这种关系的不同观点，把它分成两类：唯心论和唯物论。拥有正确科学的世界观，可以引导人去认识世界，去改变世界，而错误的世界观，则会让人走上邪路。马克思主义辩证唯物论认为，世界是由物质构成的，物质具有运动的性质，具有一定的规律，人类可以认识这些规律。一方面确认了物质的第一性和意识的第二性，另一方面也承认了意识对物质的能动作用。这不仅是对唯心主义意识决定论的否定，同时也是对形而上学唯物主义机械决定论的否定，因而其是唯一彻底的科学的世界观，理应成为大学生认识世界和改造世界的理论武器。遗憾的是由于主客观因素的制约，不少大学生在世界观上仍然是唯心的。高校党组织只有以马克思主义辩证唯物论为指导，用马克思主义的观点分析解决问题，才能从根本上帮助大学生树立正确的世界观。

人生观是人的根本观点，也是人的处世宗旨。其具体表现在人们对幸福的看法，对苦乐的看法，对荣辱的看法，对生死的看法，对爱情的看法。人生观是人们在实际生活中逐渐产生和发展起来的，不同社会或阶层的人受世界观的制约，对人生的看法也不尽相同。人生观的核心问题是怎样认识和处理个人发展和社会进步之间的关系。高校学生党建工作肩负着培养青年马克思主义者的历史重任，理应以马克思主义为指导，帮助大学生树立共产主义的人生观，为中国特色社会主义建设事业培养更多合格的建设者和接班人。

价值观是人们对周围客观事物的意义、重要性的总的评价和看法。根据判断主体的不同可以将价值观分为个体价值观、群体价值观和社会价值观三种。个体价值观是人生观的核心，它可以通过个体的行为取向及对事物的评价、态度反映出来，是驱使个人行为的内部动力。群体价值观寓于个体价值观之中，是个体价值观的共性体现。鉴于只有当个人价值观符合社会价值观要求的时候，个人价值才可能得到最大程度的实现。作为大学生价值观形成的重要场所的高校，必须坚持用社会主义核心价值体系引领大学生思想政治教育，努力使当代大学生成为社会主义核心价值体系的深入学习者、坚定信仰者、积极传播者和模范践行者。

个人的世界观、人生观、价值观紧紧联系结合在一起，便构成了一个有机的整体。具体地说，一个人的人生观、价值观是由世界观决定的，而人生观、价值观恰恰又是世界观的具体表现。一个人的人生观和价值观是分不开的，人生观决定了他的价值取向，而价值观则指引着他的人生轨迹，两者共同塑造着个人的世界观。大学生应运用马克思主义基本原理和基本方法积极探索，努力解决政治、经济、社会、文化等方面的新问题。大学生只有在马克思主义的指导下，才能树立科学的世界观、人生观、价值观，坚定为建设有中国特色社会主义事业而矢志奋斗。

四、加强高校党建工作的意义

（一）加强高校党建工作，有利于大学生的成才成长

当代社会竞争日益激烈，对人才基本素质的要求也越来越高，加强高校学生党建工作有利于提高大学生的综合素质，促进大学生更好地成才成长。首先，学院党组织通过组织学生党员和入党积极分子参加社会实践活动，使他们坚定走中国特色社会主义道路的理想信念，使他们在马克思主义理论教育中受到更加系统

第五章　数字化在高校党建管理中的应用

的教育，树立了马克思主义世界观、人生观、价值观。其次，加强高校学生的党建工作，有助于大学生科学文化素养的提高。不少高校党组织明确要求学生党员、入党积极分子要在开拓创新精神上下功夫、在实践锻炼中主动融入、在科学文化上认真钻研、在人文修养上注重促进，这些要求对促进学生把科学知识转化为追求实践创新的科学精神，为更好地报效祖国、服务人民打下坚实基础，有利于提高学生党员和入党积极分子学习的目的性。最后，加强高校学生党建工作，对提高学生党员、入党积极分子的身心素质都有很大的帮助。大学党组织要求学生党员、入党积极分子要保持健康的身体和心理素质，通过接受心理健康教育，增强适应社会生活的能力，还需对其进行意志锻炼，使他们在思想上、行动上得到提高。养成坚持锻炼的良好习惯，通过学习基本的运动技能，促进身体素质的提高，为更好地服务社会奠定坚实的基础。

（二）加强高校党建工作，对高校自身发展影响深远

高校的根本任务在于培养合格的人才，而合格的人才需要具备基本的科学文化素质、过硬的思想政治素质和身心素质。其中，思想政治素质十分重要，它决定着人才发展的方向，关系到人才质量的优劣。实践证明，学生党建工作是新形势下加强思想政治工作的最有效途径。通过突出学生党建工作，坚持党建带团建，以学生党支部带动团支部和班级集体，以学生党员带动普通学生，以点带面，以面带面，带动全体大学生不断学习政治理论，形成提高政治素养的浓厚氛围，从而增强大学生奋发向上、为中国共产党的伟大事业和社会主义现代化建设而奋斗的责任感和使命感。在党组织严格组织纪律性训练的同时，也锻炼了学生党员。

（三）加强高校党建工作，对执政党自身建设起到应有的帮助作用

高校党的建设是基层党组织建设的重要内容，其成功经验值得探索和借鉴，为党的执政之路保驾护航。先进性是马克思主义政党的基本特征，也是其生存和发展的核心动力，是马克思主义政党的基本特征，是马克思主义政党的核心动力。党的先进性主要表现在党员队伍的先进性上。现在的大学生是先进文化的传播者、科技进步的主要推动者、先进生产力的重要推动者，更是今后社会主义现代化建设的主力，是我国大学生培养先进生产力的重要动力。通过组织发展工作的开展，把那些信念坚定、品学兼优的大学生吸收到党的队伍中来，为党输送源源不断的新鲜血液，使党员队伍的结构得到根本改善，党员队伍的整体素质得到提高，党的先进性得到更好的体现。加强高校党建工作，既能增强党的执政能

力,又能帮助大量高校毕业生融入社会;既能应对高等教育普及的挑战,又能应对大学生就业方式多样化的挑战。大学培养优秀学生党员,就是为了加强学生党建工作,这些学生毕业后进入社会,对党的工作在这方面的加强是有很大帮助的。进一步增强党的执政能力,有助于增强党在全社会的影响力和凝聚力。

(四)加强高校党建工作,是中国特色社会主义建设事业的必然要求

中国特色社会主义建设事业是一项前无古人、后无来者的伟大事业,伟大的事业需要杰出的人才来传承。青年代表着国家的希望,民族的未来,谁掌握了青年,谁就掌握了未来。大学生作为青年群体中的优秀分子,掌握着先进的科学技术,代表着先进生产力的发展方向,是未来中国特色社会主义建设事业的中坚力量。高校作为孵化、推进先进生产力,创造、传播先进文化,培育、造就最广大人民利益忠实代表的重要基地,理应在中国特色社会主义建设事业中发挥重要作用。在高校开展党建工作,做好在高校学生中发展党员的工作,有利于高校全面贯彻党的教育方针,坚持社会主义办学方向,为实施人才强国战略、实现中华民族伟大复兴提供智力支持和人才保证。与此同时,通过发挥大学生党员的先锋模范作用,可以把一大批优秀青年大学生凝聚到党的事业中来,进而引领和带动高校全体学生成长为社会主义的合格建设者和可靠接班人,并将他们培养成具有共产主义坚定理想的青年马克思主义者,以及未来社会主义建设的骨干和中坚力量,从而为中国特色社会主义建设事业源源不断地输入新鲜的血液。[①]

第二节 高校党建管理队伍建设

一、科学的党建管理队伍

(一)合理规划专兼职人员比例

一是在高校党建队伍中大力提高专职人员比例。高校党建专职人员主要从事

---

① 毛静,刘勇.高校党建:新时代高校院系党组织党建育人的探索与创新[M].北京:中央编译出版社,2021.

党的建设工作。党建工作队伍是思想政治教育工作队伍中的一个重要组成部分,但要注意到学生党建工作的特殊性,这就要求所有的思想政治工作人员都能成为学生工作者,参与到党建工作中来,而不是只有学生党务工作者。学生思想政治工作者除具备一般思想政治工作者必备的基本素质外,特别是要具备较好的马克思主义理论水平和较高的党性修养,能较深入地学习所从事的党建工作理论。具有丰富工作经验的专职人员,对学生情况较为熟悉,能够承担较为艰巨的学生党建工作,是推动高校学生党建工作科学化、制度化的倡导者和奠基者,是决定整个队伍功能强弱的重要力量,是推动高校学生党建工作科学化、制度化的核心力量。因此,高校在条件具备的情况下,加大党建队伍中专职人员的比重,是高校当下应为之努力的目标。

二是在学生党建工作中发挥高校兼职人员的独特优势,发挥他们的传帮带作用。这些兼职人员主要以教师为主,有管理干部,也有大四的学生,这些人员本身就有一定的任务,只是利用工作的空余时间参与到党建工作中来。其优点主要是工作经历和科研背景不同,来自不同的院系,在开拓高校学生党建工作思路和视野的同时,有助于加强学生党建工作与其他院系的联系,这样就形成了齐抓共管的格局。同时,兼职人员有利于与学生进行深入交流,因为他们具有丰富的学科背景和较高的学历层次。兼职人员参与学生党建工作,不足之处就是他们的精力不能全部投入,经常因工作学习任务分散精力,造成时间不能充分保证,工作质量不能保证。因此,兼职人员不宜在党建工作队伍占比过高,要严格控制在合适的比例内。

(二) 大胆探索并尝试推广学生党建事务助理工作模式

随着高校的大规模扩招,在校生的规模迅速膨胀,学生党员和入党积极分子的总量也迅速增加,而高校党建工作队伍并没有相应扩充,这直接导致了大部分党务工作者都处于超负荷的工作状态,不利于党建工作质量的整体提升。由于高校行政管理部门的编制毕竟有限,无法大规模地招聘专职党务工作者,虽然增招兼职党务工作人员在一定程度上可以缓解工作和编制的压力,但如前所述,过多地依赖兼职人员又无法保证党建工作的时间和质量。因此,应大胆尝试推广学生党建事务助理工作模式,发挥学生党员的作用。

二、提升党务工作者综合素质

（一）加强理论学习，提高党务工作者的政治理论水平

随着改革开放的深入发展，社会主义现代化建设取得了举世瞩目的辉煌成就，但是不可否认的是处于社会转型期的当代中国社会也处于矛盾高发期，各种社会问题层出不穷，如何看待这些问题，采取何种措施加以解决，这在思想界引起了广泛的争议。如何用马克思主义的观点分析这些问题，为大学生提供使之信服的解释是目前摆在党务工作者面前的一个重大挑战。遗憾的是面对这些问题和挑战，许多党务工作者受制于自身的理论水平和政治觉悟不高，习惯于用过去的标准衡量今天已经变化了的事物，思想僵化保守，难以提供令人信服的答案，所有这些都表明党务工作者的理论水平和政治觉悟亟待提高。

一个合格的党务工作者必须具备扎实的马克思主义理论基础知识和过硬的党建基本理论知识。只有掌握了扎实的马克思主义理论基础知识，才能准确地向学生党员和入党积极分子灌输马克思主义基本理论，进一步帮助他们树立正确的世界观、人生观和价值观，提高他们分析、解决问题的能力。只有党务工作者自身具备了较高的理论水平和政治觉悟，在面对学生党员和入党积极分子开展党建工作时，才有底气，才能就各种理论问题和思想困惑提供令人信服的解释，进而增强党建工作的实效性。

（二）推进师德建设，提高党务工作者的思想道德素质

在高校，一大批优秀教师在教师岗位上脱颖而出，他们不仅成绩突出，而且热爱教育事业，师德高尚，为人师表。这些教师以身作则，潜移默化地影响着身边的大学生，他们用自己的一言一行，教育着广大青年学生怎样为人处世，如何做学问。构建完善的师德师风教育体系，是促进学生党员、入党积极分子综合素质和谐发展的重要举措，是高校学生党建工作和谐发展的关键环节。教师的思想品质、道德品质和道德行为直接影响着党务工作者的理想信念、道德情操和人格魅力。品德高尚、治学严谨的教师的一言一行都会深刻影响学生优良品德的形成，而师德有缺陷的教师则会给学生带来严重的负面影响，教师只有以身作则，率先垂范，才能在思想政治、品德、学识、学风等方面为人师表。所以，师德建设对于高校学生的党建工作是必不可少的。大力加强师德师风建设，才能培养出高素质的学生，才能将高校德育工作摆在第一位的位置从根本上落到实处。

为了提高党务工作者的思想道德素质，高校党组织除了要持之以恒地组织广大教职工认真学习教师职业道德规范外，还应建立多种形式的奖励激励机制以促进师德师风建设的开展。高校党组织可以利用每年的建党纪念日或教师节表彰一批优秀的党务工作者。通过评比，对那些在日常工作中展现出良好师德师风的党务工作者进行表彰，这样做一方面肯定了他们为高校学生党建工作做出的贡献，另一方面通过树立先进的典型，发挥先进人物的示范作用，带动整个队伍思想素质的提高。

(三) 注重能力培养，提高党务工作者的科学文化素质

党建工作是一门科学，没有过硬的业务素质是不能做好这项工作的。而高校是知识分子云集的地方，对党务工作者的业务素质要求更高。对此，高校党组织应重视对党务工作者进行业务培训，把党建和思想政治教育同其他学科一样对待，为党务工作者提供对口进修学习、培训和参加学术交流会议的机会，使他们掌握较广泛的业务知识，及时了解理论前沿问题和大学生的思想动态。通过鼓励党务工作者向党建先进院校学习，使其不断丰富自己的实践，从而提升学生党建工作的效果。从党务工作者自身来说，要不断提高自身现代知识的素养，加快知识更新，跟上时代步伐。党务工作者作为教育主体，应该比教育客体具备更高的德才素养。在知识更新日新月异的情况下，很多党务工作者的知识已经陈旧，观念已经落伍，而随着网络技术的普及，学生知识吸收的领域更加广泛、速度更加快，教育主客体的知识差距在缩小甚至倒置，如果党务工作者自身业务素质跟不上，对学生党员开展工作的说服力就不强，有效性将会大大降低。因此，党务工作者不断学习是十分必要的。

具备了一定的科学文化知识以后，党务工作者还要在工作实践中培养自己开展工作的能力。具体来说，主要包括以下五种能力：

第一，敏锐的洞察能力。要善于观察和分析形势变化在学生党员中和有入党愿望的积极分子中所带来的影响。有入党意愿的学生、入党积极分子的思想状态通常表现在言谈举止等方面，党务工作者要善于听其言、观其行、观其表，在认真分析后，认清对象的真实意图，对有不好苗头的行为要及时发现、及时制止，有的放矢地开展工作。

第二，调研分析能力。党务工作者为提高工作水平，要善于调查研究。要深入细致地调查研究所从事的工作，善于运用马克思主义的观点和方法，从中发现

能够带给高校学生更好地组织开展党建工作的规律性的东西。

第三，组织协调能力。党务工作者为加强对学生党员和入党积极分子的教育管理，需要善于协调各部门、各群体、各个人的关系，激发各方力量，营造良好的工作氛围。

第四，工作创新能力。党务工作者应针对青年大学生党建工作的实效性、科学性和吸引力，善于运用基础理论，结合实际，因势利导，创造性地开展工作。

第五，语言表达能力。党务工作者经常与工作对象交流思想感情、开展教育管理。言语即心灵之窗，是重要的表达方式。党务工作者对一批素质高、能力强的工作对象，为增强说服力，提高工作效率，要巧用文字、口述、肢体语言，把自己的所思所想巧妙地表达出来。

(四) 加强锻炼，提升党务工作者的身心素质

身体健康，保持良好的体能才能胜任工作，完成任务，这是成功的根本。许多党务工作者由于工作压力大，致使他们长期处于超负荷工作、身心俱疲、疏于锻炼的亚健康状态，使其工作效果和工作质量受到严重影响。在保障党务工作者有时间锻炼、完善健身基础设施建设、鼓励党务工作者利用工作间歇进行体能训练等方面，高校党组织要努力为其创造条件。广大党务工作者只有增强了自身的身体素质，才能在工作中保持饱满的精神状态、积极面对挑战、开拓创新地推进党建工作。

与此同时，还要大力提高党务工作者的心理素质，发挥潜移默化的积极影响和师者风范的表率作用。现代意义上的健康不仅指拥有一个健康的体魄，还包括拥有一个良好的心态，即心理也要健康。是否具备过硬的心理素质，是评判党务工作者综合素质的一个重要指标。高校党组织要对党务工作者加强心理学方面的学习培训，提高党务工作者心理学方面的理论水平；也可以聘请党建经验丰富的心理学专家做专题讲座；还可以对党务工作者在心理规律支配下从事的实践工作定期进行总结，从而提高他们对大学生党员出现的心理问题的认识和解决能力。[1]

三、建立队伍建设的长效机制

(一) 严格选拔准入机制，狠抓入口关

加强高校党建队伍建设，首先要充实人员、壮大队伍。鉴于高校党建工作者

---

[1] 杨永明，冯丽丽. 党建引领下的思想政治教育研究 [M]. 成都：四川大学出版社，2019.

在整个大学生党建体系中的特殊性与重要性,高校党建工作者队伍的选聘工作,应由学校党委统一领导,制定选聘办法,细化选聘标准,完善招聘程序,提升人才引进的科学性和规范性。

在选拔过程中,要按照德才兼备和专兼结合的原则,选拔和吸引更多政治素质高、思想作风好、热爱党务工作、善于做群众工作、具有较高学术造诣,以及较强组织管理能力的党员干部和教师从事学校党务工作,要在保证数量的基础上,不断优化结构,从而提高高校党建工作者的工作能力和业务水平。

(二)加强教育和培养,严格日常管理

在高校学生党建队伍的建设上,普遍存在重使用轻教育培养、重考核轻日常管理的现象,这显然不利于党建队伍的科学发展。高校党组织应转变观念,加强对党务工作者的教育和培养,严格日常管理,大力提升党建队伍的整体战斗力。学校党委要统一规划党建工作者队伍建设工作,各院(系)对党建工作者进行日常管理,要通过规范化、科学化、制度化的考评,实现对党建工作者队伍的严格要求、严格管理;要通过制定一系列切实可行的规章制度,加强对党建工作者日常工作的量化管理。

(三)完善竞争激励机制,盘活出口关

党务工作者是开展大学生党建工作的骨干力量,为其提供发展机会与空间,保持这支队伍的工作热情是增强高校学生党建工作实效性的重要保障。党务工作者长期从事烦琐的学生工作,容易产生职业倦怠,缺乏工作成就感,影响工作的效果。针对这个问题,学校应该加强党务工作者的培养工作,通过建立完备的评优奖励制度和管理机制,形成良好的工作激励机制,增强党务工作者的工作主动性。学校要将党务工作者的培养纳入学校师资培训规划和人才培养计划,享受专任教师培养的同等待遇。每年选拔和资助部分优秀党务工作者参加全国和省市的培训和学习,使其开阔视野、拓展思路、提高水平。在个人发展问题上,高校应鼓励党务工作者走专业化、职业化道路。

第三节　数字化背景下高校党建模式创新

随着信息技术的不断发展和教育数字化的深入推进，高校数字党建已成为当今时代党建工作的重要组成部分。数字化技术的广泛应用为高校党建工作提供了新的思路和手段，同时也带来了新的挑战和机遇。数字化可以突破时间和空间的界限，拓展党员党课教育、管理和服务的内容，扩大高校党务受众，丰富高校党建资源。随着高校改革的深入和教育体制的实施，国内外交流日益频繁，党员的发展、培养和管理面临诸多挑战，比如如何确保信息安全、防止网络空间的误导和信息的碎片化等，因此需要深入理解这些变化对高校党建工作的具体影响，同时高校党建管理也应创新改革适应时代发展趋势。

高校作为培养未来社会主力军的重要场所，党建工作对于引导和培养学生的思想政治素质至关重要。随着大数据、人工智能算法、生成式人工智能等技术的不断发展，高校党建逐渐可视化、智能化、平台化的方向发展。"数字党建"作为数字化时代管党治党的理论与实践创新，是"互联网＋党建""智慧党建"等不同阶段的党建新方式。通过数字化信息技术与党建工作的深度结合，融合数字化时代的诸多特征，赋予党建工作全新的发展方式。习近平总书记高度重视数字化条件下党建工作的创新，并在中国共产党第十九次全国代表大会上明确要求领导干部要"增强改革创新本领，保持锐意进取的精神风貌，善于结合实际创造性推动工作，善于运用互联网技术和信息化手段开展工作"。高校数字党建的创新模式和实践策略需要与教育数字化背景相结合，充分利用先进技术手段，提升党建工作的时代性、科学性、针对性和实效性。以大数据、云计算、人工智能为代表的信息技术革命，深刻影响和改变了政党组织的运行效能及其工作方式。作为当代中国最重要且最庞大的组织系统，中国共产党自身的组织建设不可避免地需要适应与契合互联网的蓬勃发展。

一、数字党建的兴起、发展及其作用

数字党建是随着互联网、大数据技术的兴起而产生和发展的，促进了党建并

第五章　数字化在高校党建管理中的应用

为党建理论提出了新的任务，成为党建理论研究的新课题。

(一) 数字党建的兴起和发展

我国数字党建大致经历了信息化党建和数字化党建两个阶段。二者伴随数字技术的不同发展阶段，由于在各地实践运用中的多样性，数字党建在实践中呈渐进、交叉式发展态势。

1. 信息化党建阶段

在互联网初入人们的工作和生活时，人们只能在门户网站上阅读搜寻信息，无法实现主客体之间的双向交流。因此，早期的信息化党建主要是单纯地将当时的技术运用在党建工作中，如组建党员QQ工作群、党员微信群，让党员能够实时线上互动交流；搭建网上党组织，将党员管理、党建工作宣传、党组织关系转移、党员信息展示、党员思想教育等工作同步迁移至线上，形成线上党支部等。21世纪初，上海杨浦区开通了上海第一家区域性的党建网站———杨浦党建网，这标志着上海互联网党建工作拉开序幕，也成为信息化党建的代表性成果之一。这一阶段，浙江宁波、江苏泰州、云南晋宁、山东临朐和江苏如皋等地也进行了一些实践探索，这些地方的实践主要在静态门户网站、移动互联网终端两种方式上。这一阶段呈现出党建电子化的特征，网站结构简易单调，网站功能也较为单一，信息发布呈单向性，不具备双向互动条件。这些探索成为数字党建的最初实践，也为后续数字化党建的进一步发展奠定了基础。

2. 数字化党建阶段

伴随着数字技术的发展，数字党建也不断完善。特别是近年来，云计算、大数据等新技术的出现，信息网络技术从移动终端时代过渡到云时代。各级党组织将党建工作与云时代数据智能化高度结合，促进了数字党建工作的个性化与智能化发展。这种"云数据＋党建"的优势主要体现为党建工作信息化性能更加高效、服务更加高效以及成本更加节约，意味着"数字党建"时代真正到来。随着智能手机、移动终端设备的普及，一些即时网络社交工具，比如微信、微博以及相关应用软件，广泛运用于党建工作。一些党政机关选择在微信公众号发布一些权威政治信息，使党员领导干部和社会公众更具体验感和互动性。比如，中共中央宣传部主管的"学习强国"学习平台，整合了中国共产党的理论和思想资源，成为党员学习的重要平台。基于微博的使用与发展，浙江等地的组织部门逐步将其开发利用成为党建工作的网络平台。公众号和党政工作类应用软件等成为中国共产党理论和政策宣传的载体。这些平台如雨后春笋般成长起来，如湖南省怀化市"互联网＋监督"平台、黑龙江省哈尔滨市"大数据党建平台"、四川省德阳市"1平台＋N系统＋1终端"基层数据库和党建服务平台、四川省广安市邻水县"大数据＋阳光监督"平台等。党的十八大以来，以习近平同志为核心的党中央重视互联网、发展互联网、治理互联网，统筹协调涉及党的建设新的伟大工程的重大理论与实践问题，作出一系列重大决策、实施一系列重大举措，推动新时代数字党建工作取得突破性成就。为了从理论和实践上更好地推动数字党建工作，2022年福州市举行"数字党建"高峰论坛使数字党建的研究和推广更上一层楼。

（二）数字党建对推进党建工作的作用

随着数字技术运用于党建工作中，党员可以利用数字平台开展理论学习、组织工作等，进而提升了党建工作的有效性。

首先，数字党建丰富了党建形式，提高了党建实效性。移动互联网使党员呈现"网化"的特性，党员的手机不仅仅是一个通信工具，也是中国共产党实践群众路线的新平台、拓展基层党建工作的新途径。党员不再局限于到指定的线下地点参加党组织活动，学习党中央的思想和了解党的路线、方针、政策等，他们也可以选择在微信、微博等平台进行学习。此外，在数字时代背景下，个体力量通过网络能影响更多的人，形成超越个体的影响力，这也是党建工作的重要力量之一。例如，优秀党员的先进事迹被互联网平台广泛报道之后，成为全国各地党员学习的先进对象。优秀共产党员以直播、短视频的方式在微信、抖音等社交平台宣传党员正能量，改变以往灌输式的党员思想教育方法。

其次，数字党建连接社会力量，推动了党建的协同发展。数字党建调动了社会力量参与到党建工作中，有助于发挥党组织的政治功能和组织功能。数字党建平台增强党组织连接外部的能量，能够有效连接社会、企业和群众的资源和力量，助推党建工作。例如，党组织依托数字党建平台把组织建设延伸到所在区域的公司和社区，解决了党组织活动区域限定在某一范围的弊端。在党组织引领下，吸纳社区社工、企业和社区志愿者参与党组织的工作，充分利用社会成员的资源和智慧，为党组织引领社区发展提供多元力量的支撑，有效提升了党组织的组织力和行动力。同时，数字党建反腐离不开社会力量的多元参与。党员在组织上隶属党组织，同时在社会角色上属于社区或者单位成员，生活于社会网络关系之中。党组织通过社会监督网,依靠数字反腐平台,发现党员违法违纪行为,形成数字反腐新模式。

从次,数字党建实现流程再造,优化了各层各行的党组织体系。数字党建的目标就是通过流程再造、制度重塑等,以数字赋能、整体智治等推动党组织体系的质量变革、效率变革和结构变革。借助数字化方式,打破各层级、各领域、各行业的组织壁垒、信息孤岛、交流固化等,推动党建信息汇集、整合、传播、反馈等方面的创新,实现互联网环境中党建工作的点线面立体式、开放式的沟通交流,使各党组织的联系更加便捷。

再次,数字党建提高了党建效率和广泛性。通过建立党建信息管理系统,实现党员信息的数字化管理,包括党员档案的电子化、党员活动的记录和党费的管理。这种管理方式不仅提高了工作效率,还增强了数据的准确性和透明度。通过在线视频、微课程、电子书籍等多种形式,将党的理论和政策普及给每一位党员,利用网络平台和社交媒体进行党建宣传和教育已成为常态,是因为互联网能够更加深入地接触到年轻一代。网络互动平台如论坛和社交群组,为党员提供了一个交流思想、分享经验的空间,增强了党员间的联系和凝聚力。此外,高校还运用大数据分析,对党建工作的效果进行评估和优化。通过分析学生党员的在线行为和反馈,高校可以更准确地把握学生的党建学习进度和兴趣点,进而调整教育内容和方法,使其更加贴合学生需求。

二、数字党建创造了党建工作新模式

数字党建统筹运用数字化技术、数字化思维、数字化认知实现了党建数字化创新。从数字党建的工作布局看,数字党建通过数字管党治党的阵地平台化、思想可视化、组织矩阵化、功能模块化、制度集成化、作风可溯化、方法智能化等方面,将党建工作从仅局限于线下布局、面对面沟通、会议传达等传统模式转向更多利用以智能化、数字化为基础的工作新模式。

(一)数字党建实现了党建阵地的平台化

数字党建首先要创立数字化的媒介和载体,即实现阵地的平台化。阵地平台化是指党组织借助网络技术和数字技术嵌入原有的党建工作体系,通过组织结构和工作流程的优化重组,实现教育宣传、党务管理、组织生活、互动交流、党风监督等党建功能和党务工作的聚合。相比于传统的党建阵地,阵地平台化具有以

下五个重要特征:

一是党建工作集成化。党建阵地平台可以将与党建相关的工作集成在一个平台。

二是党建工作灵活化。基于互联网技术的阵地平台能够超越地域时空限制,打破部门层级割裂,有效应对流动社会的党员在线管理、远程服务和网络教育等问题,进而实现基层党建由封闭走向开放、由单边孤立走向共建互动。

三是党建工作数据化。党建平台在使用党员服务、党员管理、组织生活、党风监察等功能时形成大量数据,可以用于各类问题的决策研判。

四是党建工作标准化。党建平台的集成化、数据化依赖于统一标准体系的建立,包括平台建设共同遵循的管理标准体系、信息标准体系和技术标准体系等。

五是平台的开放化。根据不同组织的现实需求,平台采用开放的架构,对功能模块、服务产品、数据类型等保持一种开放的态度对阵地平台未来的迭代升级预留技术空间。同时,阵地平台是一个能实现党群互动的虚拟平台,而非局限于党员和党组织内部的互动。

(二)数字党建实现了思想可视化

思想可视化主要是指数字党建能够运用图示技术把本来不可视的抽象内容呈现出来,或运用数字虚拟技术复制、还原、再现、远程操控那些能够作为思想载体的实物、场景,从而让需要传达的思想或精神能够以直观、可见的方式传达给受众。视觉是人类获取信息的最重要通道,人类对可视符号的感知速度和程度远远大于文本信息,被可视化的"思想"更有利于受众感知、理解和记忆,从而能够有效提高信息加工及信息传递的效率。可视化交互技术在数字化党建馆或革命历史博物馆中已经被广泛运用。动态交互技术能够将传统展示中的二维平面拉伸为三维动态图,从而构建一套动态全景虚拟展示系统,让展览馆突破时间与空间局限性,增强互动性。沉浸式、可视化虚拟现实的仿真技术,大大增加了党建知识学习的趣味性和可读性。

(三)数字党建实现了组织矩阵化

组织矩阵化主要体现为针对一项单独的事项形成一个跨部门合作的专门组织。矩阵化的组织结构适合临时性的攻关任务和横向的合作,突破原有的层级、部门和地域的界限,形成跨部门、跨层级的网络化的互动。互联网、大数据、人工智能等信息技术的开放性、离散性打破了传统的层级信息传递方式和资源分配模式，要求党的建设不断缩减层级、拓宽管理幅度、增强不同组织协同合作。

矩阵组织的本质是在同一组织中把职能部门和项目或业务部门联合在一起。矩阵式的组织结构能够增强各党支部、党小组之间的资源共享、信息共享、经验共享，增进不同党组织之间的经验交流和资源整合。互联网技术和数字技术驱动下的组织矩阵化，能够使不同类型的党组织之间的资源力量更加透明和对称，从而增强横向组织之间的资源力量整合的可获得性。从某种意义上说，数字党建过程中的组织矩阵化是现有线下党建联建、共建模式的升级版本。与传统线下的组织矩阵化相比，线上的组织矩阵化使不同党组织力量资源的对接过程更富效率和灵活。在统一的数字党建平台上，根据需要组建临时党支部，即可实现自由沟通交流，待项目或事项完结后临时党支部即解散。组织矩阵化适用于"工地党建""项目党建"甚至是"海外党建"等场景。

（四）数字党建实现了党建功能模块化

功能模块化是现代技术发展和管理科学进步的产物。随着现代社会人类在各领域活动中的分工协作系统越来越复杂，为了提升系统运作的科学性和有效性，将复杂的系统按照一定的标准划分成若干个功能模块，每个功能模块负责完成一个子功能，再把这些功能模块汇总为一个整体，从而达到部分与整体紧密联系、实现系统各部分及整体功能优化的目的。功能模块分为常规功能模块和自定义功能模块两种形式。功能模块化的思维方式或设计理念，核心要旨是在对一定范围内不同类型、不同规格的产品进行功能分析的基础上，划分并设计出一系列功能模块，通过模块的选择和组合构成不同的产品，以满足市场和不同服务对象群体的需要。功能模块化的突出优势符合数字时代平台架构标准化与个性化有机结合的需求。一般而言，党建常规功能模块主要包括：价值传播模块、组织活动模块、电子党务模块、远程教育模块、党员公共服务模块、网络问政模块等，旨在为党员提供方便快捷的党务管理和党务服务，提升党员日常管理和教育学习的便利化和有效性，提高纪检、组织、宣传、统战、党史党建等党委部门的协同性。自定义功能模块则由用户根据本单位的特点和党组织的具体情况，或根据党建工作实践发展的动态需要，自定义添加有关内容。常规功能模块和自定义功能模块的有机结合，使数字党建工作既满足了多数用户的一般需要、涵盖了党的建设的主要功能，又兼顾了不同单位、行业和层级党组织的特点，也为党建工作与时俱进和动态更新数字党建平台提供了便利。

(五) 数字党建实现制度体系化

体系化是指通过发挥集成要素的主观能动性，使各要素整合为非线性的集成结构，并使此集成主体成为一个"活性"有机体的过程。制度体系化则是指对制度内各项规则的再整合，以提高制度效能。需要注意的是，该整合过程不同于汇聚，亦不同于融合。一方面，不是各集成要素的简单堆积，而是按照一定的集成模式、方法所进行的构造与组合，目的在于通过要素间的互嵌，实现优势互补，进而大幅提高整体性功能，满足环境变化需要；另一方面，各集成要素的互嵌并非一蹴而就，而是通过相互之间不断的碰撞、冲突，选择最匹配功能以实现互补。综合而言，制度体系具有三个特性：系统性、整体性、协同性。数字党建制度体系的系统性就是要求组织工作数字化过程中的各项制度必须坚持系统思维、强化顶层设计，并着力解决制度创新零散化、碎片化问题，确保各项制度创新之间的有机衔接、互相支撑。数字党建制度体系的整体性要求树立全局观念，整体地设计、系统地研究，提出一揽子制度创新方案，不是部分功能的数字化，而是整体功能的数字化、信息化和智能化。数字党建制度体系的协同性要求相关制度与配套制度协同推进，注重各项制度的互补性、关联性和耦合性，使各项制度能够上下顺畅、左右贯通、前呼后应、内外协调，避免制度创新的"孤岛"现象。比如，在数字党建构建过程中，除了建立相关数字平台的应用管理制度外，还需要建立与之相适应的网络信息安全、个人隐私保护等相关制度。

(六) 数字党建实现党员组织工作可溯化

工作可溯化是指借助互联网阵地平台将党员和党组织行为活动轨迹电子化、数字化，从而实现行为的留痕化和可追溯化。依靠"互联网＋作风建设"的新模式，可以打破时间空间的限制，提供和记录党员的组织行为轨迹和党组织的活动痕迹，通过对大量数据纵向和横向比对分析，有效勾勒每一位党员和每个党组织的"作风画像"。通过党员组织工作作风的可溯化至少可以发挥三重功能：一是清晰地界定党组织与党员个人的权责关系。比如，对于党中央最新的文件精神，各级党组织是否层层传达到位，每位党员是否及时学习都将有迹可循。不同层级党组织之间责任的推诿以及党员个人的责任界定边界都将十分清晰。二是对党员和党组织的工作作风和生活作风进行有效约束。一方面，数字平台有助于党内民主监督制度的有效落实，"三重一大"等组织决策程序是否有效遵循民主集中制原则等都有迹可循。另一方面，数字平台有助于"网上群众路线"的开展，为人民群众监督党员个人和党组织作风开辟了新路径，建立线上线下的联动机制，实现对党员干部行为的常态监督。作风可溯化可为干部综合考察、选用提任提供更充分的依据。三是通过对党员个体数字化分析，为党员提供更贴心、更个性化的服务。比如，某支部党员始终保持每日在线学习的良好习惯，有一段时间却中断了，该支部书记发觉后找其谈话，发现其家中遭遇变故使之无心学习。该支部通过谈心谈话和多种帮助，使该党员能够感受到组织的关怀，增强了其对党组织的认同感。因此，数字党建不仅是一个管理平台，更是一个服务平台。

（七）数字党建实现工作方法智能化

数据和算法是数字治党方法智能化得以实现的两大基石。在大量数据的基础之上，通过特定算法实现精准高效管党治党的目标。方法智能化的前提条件是大量综合性数据的累积，这就要求数字党建平台具有相对的开放性，能够让其他互联网平台的多源数据汇集其中。因此，这就要构建广泛的数据共享机制和数据交互机制。

智能化的管党治党方法具有多重优势：一是缩短信息传递链条，加速信息的交互流动。智能化形成网络化的传播路径，提高了信息传递的效率和质量，避免了信息因传递链条过长而导致的损耗。二是重塑组织之间的运行模式。传统模式下，党组织之间的纵向联系较为活跃，横向、斜向和网络化的联系相对较弱，数据的网络化流动必然带来各级党组织之间网络化联系的增强，因而需要重塑不同层级、不同区域和不同部门之间的运行模式以适应新形势。三是智能化方法有助于提前预判趋势，辅助组织决策，并提升组织决策的科学性和精准性。通过智能化手段，可以构建不同模型测算下的风险预警体系，从而有助于党组织快速响应风险。例如，根据网络舆情动态，准确判断走势，并及早作出纠偏和澄清，避免舆论发酵升级。通过智能化的计算，还可以实现更好的党群服务，根据党员和群众的切实需求，助推党组织决策的科学化，避免出现"拍脑袋"现象。

三、推动和完善数字党建工作

"数据＋技术＋党建"构成数字党建的核心，意味着数据成为数字党建运行的"原材料"，技术成为数字党建运行的驱动力。将数字技术运用于党建工作之中，打破不同党组织之间、党组织中不同部门之间的业务和数据壁垒，搭建统一整合的党建业务平台，形成整体性的党建工作格局。利用数字技术优化党建工作流程，使得党建信息收集、分析、决策工作更加科学化，组织建设和管理工作更加智能化。这种改变顺应新时代党的建设伟大工程的目标，需要我们顺势而为，前瞻性地推动数字党建的理论研究、平台建设和力量整合。

（一）推进数字党建的理论研究

理论来源于实践，理论又指导实践。数字党建的实践创新要以理论创新为先导，以此引导数字党建工作更上一层楼。要持续强化新时代党建工作对数字化的认知，充分理解数字党建的必要性、可行性和重要性，提高开展数字党建的积极性和主动性。要注重数字党建跨学科研究，拓宽数字党建研究视野，将公共管理、电子计算机等有关治理、算法等方面的知识融入数字党建理论研究中，为数字党建理论提供新的理念支撑和思路。要强化党员数字党建工作的教育培训，持续学习数字化的相关知识，拓宽信息化思维，深化对"数字党建"的认识，提升自身数字素养。

（二）进一步提高数字党建的整体化、平台化和智慧化水平

数字党建工作是系统性、整体性的工作，包括政治、制度、思想、组织和纪律等全方位的建设。因此，数字党建需要从中央、省市层面进行顶层设计，避免基层、街道、区级层面"各自为政"，造成信息壁垒和重复浪费。党建数据需要从不同层级党委和部门，甚至从政府、社会和企业中获得。只有较高层面的党委政府对数字党建系统和平台进行顶层设计，才能降低数据流动障碍，打破"数据孤岛"现象，避免出现碎片化数字党建。同时，整体性推动数字党建建设，有利于数字党建平台和已有制度机制嵌入耦合，全域统筹，打造数字党建的运用场景，让跨层级、跨部门和跨领域的数据在数字党建中交融，从而推动数字党建的整体性和协同性。

平台是数字党建最基本的载体，具备开放、互联、在线和生态四大特征。开放意味着党组织更具创新性，不仅仅是依靠党组织内部资源开展党建工作，还吸收政府、企业和社会的资源推动党建。互联意味着平台可以将不同党组织之间，不同党组织与党员之间，党员与党员之间的"信息孤岛"打通，打破信息传递的科层制障碍，使信息可以自上而下、自下而上或纵向、横向、斜向跨层级无阻碍传递，任何党员之间都能便捷连接。在线意味着数字党建由线下转向线上，能够全天候实时运行，党组织能够第一时间掌握党建现状，第一时间传递党中央思想等。生态意味着数字党建平台构成一个系统的党建生态平台，将数据、党组织、

党员、规则等党建要素集中于平台之中,塑造平台的生态基因。生态重塑党组织的组织结构、边界、决策等运行模式,增强了党组织的敏捷性,将思想可视化、组织矩阵化、功能模块化、制度集成化、作风可溯化、方法智能化。党建的数字化带来智慧化,用数据说话,通过大数据进行决策、管理和创新,很大程度上可以完善以往依靠经验的工作方式。在具体实践中,利用技术收集党建信息数据,通过大数据对比分析,掌握党员情况和党建资源配置情况,推动党建资源的匹配和再生,提高党建资源的匹配度、使用效率和使用效益。同时,通过数据分析寻找党建工作的需求点和困难点,利用党建平台开放的数据库资源,匹配资源或寻找问题的解决办法,再进行智能决策,在智能决策的基础上自我学习,进一步提升智能决策的水平。

(三)促进党建平台工具理性和人文性的融合

技术是理性中立的还是具有人文价值的,一直是人们争议的话题,将数字技术应用于党建中,也是如此。一方面,数字党建改变了以往的党建形式,用技术和大数据赋能党建,让党建更具精准性、智慧和效率;另一方面,个别数字党建工具的人文性有待提升,技术理性和人文感性尚未融为一体。一些地方党委在技术治理实践中,往往把技术当成一种理性的工具,某些应用型场景建设往往以物为中心,以工程技术为导向,严重依赖计算机专家等工程技术人员,法学、社会学、人文学、心理学等领域学者参与度不够,人民群众参与数字党建技术平台建设不足,严重忽视组织、社会、情感等方面的因素,导致数字党建的人文关怀不足。在工具理性主义的推动下,数字党建与数字党建平台为了强化其技术的有效性和效率,又不断地强化和复制技术手段,似乎技术就能解决所有问题。这种将数字党建的工具理性和人文关怀割裂开来,容易导致数字党建的形式主义,制约了党建效能的充分发挥。因此,在数字党建的新阶段,应该有人文主义精神,将技术理性与人文关怀结合起来,协同驱动数字党建的正能量,杜绝"指尖上的形式主义",减轻数字化的基层负担,避免信息系统重复建设等问题,打造有技术、有温度的党建平台。①

---

① 颜隆忠,李黄骏. 数字党建:数字化时代党建工作新方式[J]. 福建师范大学学报(哲学社会科学版),2023(6):11-17.

第四节　数字党建管理体系构建

一、党建管理系统建设

1. 系统架构研究

系统的架构设计，如同建筑设计，模块布局就像是建筑的框架设计，关系到系统的规模延伸及稳定性，应当通盘考虑、提前规划。党建管理系统从党组织层级、管理方式及工作内容等方面入手，开展架构设计和模块设置。从纵向维度出发，力求实现党委—党总支/直属党支部—党支部—党员党建数据的延伸贯通；从横向维度出发，力求实现组织管理—组织生活—党员管理—党费交纳—责任制考核等各项基层基础工作的全覆盖。最终将党建工作、组织管理、组织生活、党员管理、发展党员、责任制考核、专项活动、党费管理、在线教育、统计分析、移动应用等11个模块确定为系统重点开发内容。

2. 模块及功能设计

根据党建党务工作实际确定各模块的内容和流程，致力实现以下功能：

（1）党建工作。"领导职责"及"年度重点工作"的清单提醒功能，方便领导及时查看相关责任事项及完成进展情况；"理论学习""会议管理"及"联系点制度"可实时反馈领导对于相应工作事项的具体进展情况；"换届管理"可实现党委换届相关材料的归档、调阅等。

（2）组织管理。实现党组织管理、委员会成员管理、换届管理及组织评优等功能。系统中各级党组织呈树状结构展开，数据信息可实时更新汇总，各级党组织信息清晰明了。

（3）组织生活。各级党组织动态录入"三会一课"、民主生活会、组织生活会、主题党日、谈心谈话等组织生活的开展情况，线上开展民主评议及评先评优申报，并可实时生成统计报表，便于领导和党委工作部门及时掌握各级党组织落实组织生活制度情况。

（4）党员管理。实现对党员/预备党员/流动党员台账信息的线上维护，对党员、党组织数据分级分类汇总，实时掌握党员及党组织情况，解决线下工作流程烦琐、数据更新不及时、汇总工作效率低等问题；实现党员组织关系外部转入/转出、内部转接流程的线上发起、实时审批等功能，介绍信、回执联自动生成，充分提高工作效率。

（5）发展党员。按照中国共产党中央委员会组织部关于发展党员的五个阶段、25个步骤的要求，实现党员发展全流程线上/线下协同推进的功能，实现过程证实性材料的数字化保存与调取，做到党员发展流程、进度信息的"实时可视化"。

（6）责任制考核。实现线上党建责任制考核评价标准配置、支部支撑性材料录入、自评及复核打分功能，线上完成党员群众满意度测评、录入融合联动得分，并根据基础信息自动计算总分、评出等级，从而实现对基层党组织的线上年度考核。

（7）专项活动。实现党建创新实践主题活动的通知文件发布、任务节点配置、支部成果上传等功能。让各支部对于专项活动的目标、内容及节点要求等一目了然，党委对各支部专项活动开展情况实时掌握，有效保证活动的覆盖范围以及推进落实过程的完整性。

（8）党费管理。实现党费的线上收缴功能，支付方式支持微信等第三方支付平台支付，有效提升党费收缴、使用和管理的及时性、安全性和便捷性，实现党费自动汇缴至指定账户、缴纳信息自动统计归集，简化财务管理。

（9）在线教育。打造多元化网络学习平台，包括视频学习、制度文件学习、在线考试等功能。丰富学习主题，创新学习载体，有效促进党员政治理论学习。

（10）统计分析。实现对党组织生活、党员相关要素信息的多维度、可视化统计分析功能。支持自动生成党内统计报表，满足个性化统计需求，有效提高党员统计工作效率。

（11）移动应用。在PC端功能的基础上，通过企业微信实现在移动端查阅消息、待办审批、在线学习、党费查询及缴纳、组织生活查看等功能。

二、党建管理系统实施效果

通过探索建立"党建＋数字"模式，分期建设、动态完善党建管理系统，在"数字赋能"及管理创新方面基本实现了以下预期效果：

（1）党建内容的"可视化"。通过党建管理系统各模块直观展示各级党组织党建工作的核心内容，为及时了解掌握党建党务工作要求、进展及成效提供可视化平台，进而提升党建工作的及时性、互动性、实效性。

（2）党建工作的"标准化"。以支部标准化建设要求为基准，通过党建管理系统实现工作模板线上共享、工作节点线上提醒、工作纪实线上规范、工作过程线上监督，将基层党建工作的"八个标准化"规范固化，进一步提升党建工作的规范化水平。

（3）党务管理"智能化"。通过党建管理系统实现党建工作流程信息化和工作数据线上集成，破解党务管理数据分散、收集难、统计分析不精准等痛点问题，进一步提高党建工作效率，减轻各级党务人员工作负担。

（4）党建考核"精准化"。通过党建管理系统及时掌握基层党组织党建工作过程情况，总结自评、考核打分、融合联动等考核环节均可在线上完成，一定程度上解决了线下查阅支撑材料不便、复核评分操作难的问题，促进党建考核新机制的有效落地和考核评价指标的精准应用。

（5）党建工作"移动化"。通过党建管理系统移动端应用，打破党建工作地域、时空限制，逐步实现"指尖党务管理"，让党员干部可在移动端随时随地交纳党费、进行流程审批、在线学习等，进一步提高了党建工作的时效性。

三、高校数字党建的实现路径

"数据＋技术＋党建"是新时代数字党建的三大核心要素，共同构成了数字党建的坚实基础。在这个模式中，数据发挥着至关重要的作用，为数字党建提供了源源不断的信息支撑；而技术作为强大的驱动力，推动着数字党建不断向前发展。在数字党建的实践中，数字技术的运用起到了至关重要的作用。它打破了不同组织、组织中不同部门之间的业务和数据壁垒，使得信息能够畅通无阻地流动。通过搭建统一整合的数字党建业务平台，构建起了整体性的党建工作格局，实现了党建工作的全面覆盖和高效协同。同时，数字技术还优化了党建工作的流程，使得党建信息的收集、分析、决策工作更加科学化、精准化。通过运用大数据、云计算等先进技术，能够对党建数据进行深入挖掘和分析，从而得出更加客观、准确的结论，为党建工作的决策提供更加有力的支持。此外，数字技术还使得组织建设和管理工作更加智能化，提高了党建工作的效率和质量。为了推动数字党建的深入发展，需要加强理论研究，不断探索数字党建的新模式、新路径；同时，还需要加强平台建设，打造更加高效、便捷的党建业务平台；最后，还需要加强力量整合，形成党建工作的强大合力，共同推动党建工作的科学化和智能化发展。

(一)网络基础设施建设

高校需要建立高速、稳定、安全的校园网络,以满足党员、教职员工和学生的日常需求。这包括校园局域网、无线网络覆盖、校园互联网接入等。建立数据中心用于存储、处理和管理各种党建相关数据,包括党员的个人信息、学习记录、活动参与情况等,数据中心需要具备高性能、高可用性和安全性。同时提供技术支持,配备专业的技术团队,加强数字技术人才培养,确保数字化党建平台的稳定运行。通过数字化基础设施建设,高校能够更好地实现数字化党建工作的开展,提升党建工作的效率。

(二)大数据与人工智能应用

应用大数据和人工智能技术,通过数据分析、预测和智能决策,提高党建工作的科学性和精准性。建立数据分析和报告系统,对党建工作进行数据分析和评估,为党组织决策提供科学依据和数据支持。实现高校党建质量评价过程动态化和系统化、评价效果数字化和智能化。开发移动客户端应用,支持党员随时随地参与党建活动,提高党建工作的覆盖面。

(三)数字化党建平台建设

建立应用集成平台,实现不同党建应用系统之间的在线党建交流,利用网络平台和移动应用,开展党员在线学习教育,包括党章党规学习、理论宣讲、政策解读等,提高党员思想政治素质。在线党建活动组织利用网络平台组织在线党建活动,拓展党建活动的覆盖范围和参与方式。推动党员学习培训,开展多种形式的党员学习培训活动,全面提高党员的理论知识和业务水平。

(四)数据驱动的党建决策

建立党建大数据平台,对党建工作进行数据分析和挖掘,为党建工作的决策提供科学依据和数据支持。借助虚拟现实技术,建立虚拟党建场景,为其提供虚拟党员学习、虚拟活动等,以此增强党建活动的趣味性和吸引力。开发智能化党建服务系统,包括个性化学习推荐、党员需求预测、智能问答系统等,提高党建服务的精准性和个性化程度。

(五)数字化党建与校园文化融合

将数字化党建工作与校园文化建设相结合,开展丰富多彩的党建活动,增强党建工作的吸引力和凝聚力。校园党建互动，建立党建社交平台，促进学生党员之间学习分享、心得交流，促进学生党员之间的相互成长。将数字化党建工作与校园文化建设相结合，举办丰富多彩的数字化党建活动，增强党建工作的时代感、吸引力和凝聚力。通过数字化手段传播和弘扬社会主义核心价值观，提升高校师生的思想政治素质。

（六）智慧党建活动

结合互联网技术，开展"互联网＋党建"活动，拓展党建工作的覆盖面和影响力。利用多媒体技术开展数字化党建宣传工作，包括制作党建微电影、党建微视频、党建在线展览等，提升党建宣传效果和影响力。提高党员和师生对数字化党建的认知和参与度，增强数字化党建对高校师生党员的影响力和感召力。

（七）建立监督安全保障机制

建立数字化党建工作的监督评估机制，加强对数字化党建工作的监督和评估，及时发现问题并及时加以解决。健全安全保障系统，建立完善的网络安全体系和信息安全管理机制，加强数据加密、权限控制等技术手段，保障党建信息的安全和保密，防止数据泄露和网络攻击。

综上所述，数字化党建平台的建设、智能化党建服务的提升、移动化党建应用的推广等都为高校党建工作的现代化和科学化提供了有力支持。数字党建的引入，优化了传统的党建模式，借助先进的数字技术和大数据分析、人工智能等为党建注入新活力，显著提升党建工作的精准度、智慧化水平以及整体效率。未来深化数字化技术在党建工作中的应用，可以进一步探索人工智能、大模型、大数据、区块链等新技术在党建工作中的应用，提升党建工作的智能化和精准化水平。加强党员教育管理与服务，提供更丰富、多样化的学习资源，增强党员的理论素养和实践能力；加强数字化党建管理和监督，以及对数字化党建工作的评估和指导，建立健全数字化党建工作的管理体系和监督机制，确保其稳步发展。①

---

① 刘宝昕，张续. 数字化浪潮下的党建数字化思考与探索［C］. 中国电力企业管理创新实践. 2022.

第六章
数字化时代高校教育管理模式改革

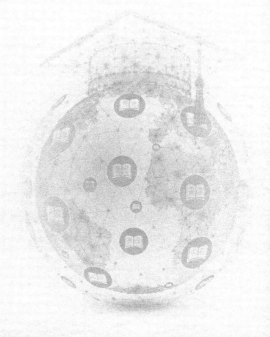

第一节　数字化时代高校教育管理模式改革的目标

一、数字化时代的教育管理目标变革

教育的内在价值认为，教育的目标应当是以促进人的本质和本性全面发展为基本目的的人的本性和本能的需要来确定的。教育的外在价值却认为，教育的目的是由社会的需要所决定的，教育应该按照社会对个人的需要来设计教育，培养社会需要的人才是教育应该追求的根本目的。

（一）教育的担当——回归到人的本真存在

促进人的全面自由发展，促使个体不断地自我完善，而不是单纯地追求功利和效率，才是教育的真正价值所在。引导学生挖掘内在潜力，运用自己的聪明才智，追求真善美，是教育的意义所在。要让学生回到自己最本真的存在状态，才是真正关注人性、价值和尊严的教育。教育强调的不只是人的理性的培养，更是人的非理性的发展。理性与非理性的因素相得益彰，共同构成了相互依存、相互影响的人类发展全局。教育不仅仅是赋予知识，也包括观念的传播与培养过程。教育就是要唤醒人的内在本质，充分挖掘人的潜能，培养理性和非理性的因素，从而达到人的全面自由发展，进而促进社会的创新发展。

（二）教育的社会责任——承担使命引领创新发展

教育的外部价值是社会工具价值，承担着培养和选拔社会发展所需要的人才的功能。在未来，机器人随着人工智能的进一步发展而变得越来越能做事，社会在不断地朝着智能化的方向发展。在这样一个新的社会里，技术迭代升级的水平越来越快，我们需要知道当今社会到底需要什么样的人才。培养一大批具有创新能力、适应时代需求的人才，教育必须承担起推动社会进步发展的责任。代表第三次工业革命时代的数字制造、新能源、新材料应用和计算机网络等领域，需要的不仅是基础劳动素质高，而且是高素质人才，且具有较高的创新水平。

（三）教育的时代担当——构建具有全球视野的新人文教育观

教育目标的定位，需要站在互联网信息时代和全球视野的高度来进行，社会历史变迁对人才培养提出的新要求始终是推动教育教学变革最重要的历史与现实动因。现行的教育教学体系是三百年工业文明的产物，为工业社会输送了大量的人才，有力促进了经济社会发展，但是这些人才大多是普通流水线上的普通劳动者。当人类社会全面迈进信息时代，传统的人才培养目标已经不再适用。中国学生发展核心素养分为文化基础、自主发展、社会参与三个维度。文化基础包括人文底蕴、科学精神；自主发展包括学会学习、健康生活；社会参与包括责任担当、实践创新等素养。中国学生发展核心素养的提出是在新的时代重新思考的人才培养目标，是从学习者自身全面发展和社会的创新发展两个维度来思考的。互联网信息时代的教育体现了一种新的教育目标观，这种新的教育目标又称为新人文教育。

数字化信息时代的新人文教育目标观应以人为本，充满人文关怀；应注重个性发展，丰富情感，健全人格；应培养科学精神，善于思辨，掌握技能，适应未来生活；应尊重和保持文化的丰富性和多元性，提供多样性选择，求同存异，和谐共生；应融合本土和域外优良教育传统，传承和发展文明；应开放、创新、勇于探索；应重视终身教育和终身学习，具有可持续性；应注重绿色生态和环境教育，养成同理心。

数字化信息时代的教育变革，既需要彰显教育的内在价值和社会价值，也需要彰显个人的责任、社会的责任和时代的担当。个人责任在于，为了实现个性化和全面自由的发展，坚持以人为核心，重视个人的发展，提升个人的品格。承担社会责任，就要有全球视野、中华情怀、正义感，传承优良教育传统，弘扬文明传统，承担起历史的重托。以全球视野、全球意识、全球观念改造教育目标，关注全球绿色生态和自然环境，关注文化多样性和丰富性，求同存异，应当把自己置身于人类历史发展的广阔视野中，要有科学精神，勇于创新和探索，适应未来生活。[①]

---

① 梁丽肖．教育信息化背景下高校管理机制探究［M］．长春：吉林人民出版社，2021．

二、数字化时代高等教育人才培养

(一) 数字化教育与个性全面发展人才的培养

回归人的本真存在——人格化,使其充分自由地发展,这就是个体所承担的教育目标。个性化教育认可被教育者的主体性,以被教育者的个性为出发点,以被教育者的个性需求为导向,通过教与学的互动式教学,达到个性化教育的目的,从而完成对人才的培养。达到个性化教育的目的,这就是个性化教育开放、平等、自由、分享,是数字教育的本质特征。培养适应信息时代的个性化人才,实现个体的全面自由发展,不仅是改变传统教育观念、组织形式和模式,更是数字化教育的重要性所在。

1. 数字化时代更加关注人才的差异化培养

翻转式课堂、分散合作互动式学习、扁平化学习和即时性学习、游戏化学习等都是数字化时代背景下对人才教育培养的方式。数字化教育背景下的翻转式课堂,为我国目前人才集中、规范、批量化的学习手段和学习方法提出了很好的改进思路。在数字化教育时代,教学突出了其本来应有的丰富多样的功能:既是知识的传递,也通过知识的传递来释放学习者的天性,教学使每个学生的人格能力得到自由全面的发展,既是对学生探索创新精神的培养,又是对学生积极情感态度和价值观的培养。

2. 数字化时代教育更加关注个性化培养

传统学校教育大多是规模化的培养,在个性化培养方面做得还不够。而在互联网教育背景下,学习者在个性化的时间、个性化的学习环境中,根据社会需求和个人需求,自主选择学习内容,另外数据分析也对学生学习的过程提供更多的个性化的支持。通过收集、整理教学过程、学习过程、学生的自身特点等各个方面的数据资源,并对其进行挖掘分析评定,进而从中获取有价值的信息,并针对学习者的不同情况,提供个性化的跟踪服务,推送不同的学习内容、学习方式以及学习手段等。

3. 数字化时代教育能够培养学习者各方面能力

学习者在互联网教育中通过资源的获取、收集、处理和利用等实现问题的有效解决,以促进自身知识面的拓宽及独立思考能力与创造性思维能力的发展。学会筛选优质教育资源是学习者创新学习的重要能力。优质教育资源应用是学习方式创新的关键基础,在这一过程中,师生互动范围更加广泛、方式更加多样,学习者可利用新型且富有个性的学习工具,享受更加开放和平等的教育环境。虽然优质资源在学校教育的应用依赖于国家政策,但学习者在网络便利的基础上可以自主选择相对优质的资源。优质资源的应用可以帮助学习者在学习过程中学会积极主动学习,学会带着问题进行探究性学习,从而激发学习者的学习兴趣,改变学习者的学习方式,培养学习者创新精神和适应新型社会发展能力。

(二)数字化时代创新型人才培养

教育目标要围绕国家和社会的需求来设定。任何教育都是特定历史阶段的教育,必须符合国家和社会发展的需要。

数字化时代的特征之一就是万物互联。国家智力资本是一个国家人力资本、关系资本和结构资本的综合,是兼具软实力和硬实力、当前和长远的体现。一个国家的智力资本越强,软实力、硬实力越强,竞争的优势越大,竞争的格局就越难以被撼动。所以,面对世界科技飞速发展的挑战,培育民族创新精神,培养具有家国情怀、具有社会责任感和历史使命感的创新型人才,是增加国家智力资本的重要途径。在当前这个信息化时代,人才培养突出专业和技能,高新技术人才和创新人才将是推动未来社会发展的主力军。只有大力推进高素质创新型人才的培养,实现伟大中国梦的理想才能加快进程。

创新是教育未来的核心,未来教育追求的目标就是创新人才的培养。互联网教育承担着教育信息化过程中培养创新人才的重任。所以我们的教育变革要以培养"创新人才"为核心,要培养具有创造性思维、个性化思维的人才,要培养具有开拓性、创造性的人才,这是我们教育变革的核心。当今时代,创新正在从精英阶层走向普通大众,这是信息时代和智慧时代的特征,也是信息时代和智慧时代对人才培养的要求,更是全中华民族实现美好梦想,早日实现伟大复兴的要求,这是一个人人想创新、人人需要创新的时代。信息时代和智慧时代需要创新性的人才,创新成为引领社会发展的第一动力,教育要培养创新人才将成为人类的教育共识。

1. 创新人才培养生态目标

在信息时代,社会需要的人才已经不再是缺乏个性的标准化人才了,因此人才培养的观念也要随之改变。在这种情况下,树立与信息时代相适应的新型人才培养观念是当务之急。创新人才培养观是指根据现代社会发展的需要,培养创新型人才。探索信息时代人才培养观从工业文明向信息时代转变的基本逻辑，应明确信息时代人才培养的新观念以及适应新型人才培养需要的课程观、教学观、教师观、学生观、管理观、评价观、质量观和教育发展观，为互联网教育背景下创新型人才培养模式顶层设计与创新实践提供价值引领。

2. 创新型人才培养途径

创新型人才培养的核心目标是培养学习者的自我学习能力，让终身学习成为一种习惯。互联网教育背景下创新型人才培养途径涉及人才培养的观念、目标与评价体系、内容和方法等的范式转换。一是走向科学的人道主义。新的教育秩序以科学和技术训练为基础，个人需要掌握科学思想、科学语言和基本的科学方法，这种科学精神包括辩证法，教育的目的不仅仅是传授具体的科学知识，更重要的是教会个人自主学习。二是培养创造性。这种创造精神是在遵循一定规则的前提下进行的，它起源于社会的深刻变化与传统的延续性之间的冲突。创造性是社会进步的需求，互联网教育背景下学习者的全面自由发展尤其要注重创造性的培养。三是培养承担社会义务的态度。教育与社会融合、全球化进程加速的现实对学习者应该承担的社会义务提出了新要求。教育是个人进入社会的前站，应培养其具备经济学常识、国际主义思想之类的社会常识，个人的民主意识、参与意识，社会公平和全球团结等责任意识。

3. 建立一种教育模式，推动创新人才的身心发展和人格发展

建立高效的网络信息技术，促进人才身心协调发展，是当前互联网教育背景下的一项重要课题，值得我们深入探讨。

4. 在学校组织架构变革和运作方式创新方面进行探索

互联网教育时代为完善人才培养模式，学校组织架构的转型和运营模式的创新提供了重要的体系支撑。传统的分层办学的组织架构和运作方式，已经不能适应信息化时代培养创新人才的需要，亟须随之变革。应努力探索信息时代下学校组织结构变革的动因和思路，信息技术支持学校组织结构变革的目标、阶段、策略与方法，信息技术支持的学校运行机制的构成、层次与类型，对信息技术支持的学校组织结构变革进行顶层设计，摸索出利用信息技术促进学校组织结构变革和创新学校运行模式的策略与方法。其中，重点应放在如何利用信息技术构建整合集成的"一站式"教育服务体系上，包括教师教学支持服务体系、学生学习支持服务体系、行政管理支持服务体系的构成、功能、应用模式，及其构建的体制、机制、策略和方法等。

综上所述，数字化时代教育目标的社会担当，既要具有时代性，也要体现历史性。在信息时代，教育必须按照创新时代和智慧时代对人才的要求重新进行目标定位，由培养知识型人才向培养创新型人才和智慧型人才转变。

(三) 从新人文教育观出发培养具有家国情怀的数字化教育人才

教育的使命是培养具有社会和时代需要的富有家国情怀的具有社会责任感和历史使命感的创新人才。新人文教育是以人为本，促进和谐共生，立足全球视野、全球意识、全球价值观的新型人文教育；注重人的整体意识的同时，也强调个体的独特性。顺应数字教育发展新趋势的新人文教育观，以更高的视野对全球化背景下的教育目标进行重新思考。互联网的开放、分享、连接、互动、自由等特性，让它的情怀得到了扩展，眼界得到了延伸，位置得到了提升。它是一种前瞻性的教育观，倡导人类命运共同体的理念，以全球化的视角和人类的整体意识探讨问题。

人类作为数字化的主体，创新是其本质之一，是互联网最关键的链接要素和主导力量。另外，现在的社会是一个竞争的时代，特别是技术方面的竞争越来越激烈。创新驱动已经成为个人不可或缺的基本条件，成为塑造国家竞争力的核心要素和主要动力。随着时代的不断发展，尤其是对未来的展望，我们可以深切地感受到全球各地都在串联全球共享、地球村等由数字化带来的概念，在互联网上逐渐开放共享的信息、资源、理念等，让全球成为一个命运共同体。在这个命运共同体中，人类共同面临的挑战和机遇，包括文明秩序的建立、价值观的共融、求同存异、多样性、同理心等，无不闪烁着人类的智慧和新人文精神的情怀。

数字教育时代的教育目标，要以新人文教育观为视角和标准来进行重构和定位，从而推动互联网教育和教育的改革，真正体现并实现个人价值、社会价值和时代价值的取向，既要体现教育的个人担当，实现教育的个性化和人的自由全面发展；又要体现教育的社会担当，围绕国家和社会需求，承担引领社会创新发展的责任感和使命感，培养具有家国情怀的创新型人才；还要体现教育的时代担当，充满人文关怀，培养互联网时代具有全球观念、人类整体意识等新人文精神的适应未来发展的人才。

第二节　数字化时代高校教育管理模式改革的理念

一、融入开放性的思想

我国现阶段的高等教育已经从原来的精英教育迅速转化为大众化教育，受教育者的求学情况、知识基础与以往相比发生了很大的改变。政治辅导员和班主任要指导学生正确面对竞争，面对择业，面对压力，引导学生规划人生，培养学生有宽广的胸怀和健全的人格，努力把德育融入学生成才、就业的全过程，要主动管理育人，提高工作效率和工作水平，创造更好的育人环境和氛围。

（一）建立优秀的管理团队和制度

如何适应时代的要求，培养社会需要的人才，是从事学生管理工作者的永恒话题，同时对学生管理领导干部提出了更高要求，必须加强队伍建设。学校高层领导应加强对学生管理工作的重要性的认识，挑选一批思想素质高、工作能力强、具有一定学生管理工作经验的工作人员担任学校学生管理领导工作者，经常性地组织并开展对各分校、教学点学生管理领导干部的专业培训，全面提升学生管理干部的素质。通过各种方式组织开展校与校之间学生管理工作的交流，请学生管理工作表现突出的管理人士讲解、传授管理经验，并通过讨论交流，达到共同提高，共同进步。

学校应建立教师引进、培训、考核、交流的整套制度。完善引进程序，严把入口关，力争把有能力、责任心强的教师引进来。建立严格的教师培训、考核制度。教师应对以现代计算机网络为主的多媒体现代远程教育技术有较深的掌握，能熟练运用计算机网络等媒体技术获取教学资源，并能配合辅导教师进行教学资源的整合，组织和指导学员开展网上答疑、网络论坛讨论、双向视频等网上教学活动，利用QQ群、微信群、电子邮件等途径与学员进行日常沟通。完善教师的流动计划，打破以往教师队伍建设的封闭体系，激活用人机制，拓宽教师出口，加强教师的交流和提拔，解决教师的后顾之忧。

解决教师流动性较强、流失率较高的问题，必须加强教师的专业化建设，其中最主要的就是更新观念，尤其是更新领导的观念，全面提高教师的综合素质。教师在工作了一段时间以后就会积累一定的工作经验，也会认识到自身不足。如果学校能制定一套完整的培训机制，给他们更多的培训学习的机会，不管是对学校还是对教师本人来说都是双赢的。另外，还可以加强教师之间的沟通与交流，使教师的业务能力不断提高，确保教师在工作中发挥应有的作用，保证开放教育学生的培养质量。[①]

(二) 注重培养优秀的学生干部

学生干部队伍应真正发挥先锋模范作用和战斗堡垒作用，学校应健全团支部、学生会组织，主动让学生组织成为学校与学生、教师与学生沟通的桥梁，通过民主推荐、个人竞选产生学生干部队伍。帮助广大学生树立和培养学习自信心。一方面，肯定他们在以往的学习和工作中取得的成绩和努力，使他们充分看到自己的优点和能力；另一方面，对自己在目前环境中遇到的问题，采取一对一、循序渐进的方式进行辅导，并对他们在当前环境中所遇到的问题进行总结归纳，然后再进行经验反馈。在交流沟通过程中，应注意与学生沟通时的态度，避免使学习积极性受到伤害。教师要不断改进教育方法，积极与学生沟通，以减少代沟，因为成年学生更注重自尊，同时也更容易受到伤害，所以对学生应该给予充分的尊重。由于这部分学生已成年，在进行思想教育时，应尽量避免强迫性教育。强硬的教育态度可能会激起学生的抵触情绪，导致学生对教师的教育工作不愿配合，甚至有放弃学习的可能，因而需要对部分学生进行重点辅导，针对他们的情况，进行个性化教学，并通过细致观察和深入调查，找出原因，争取与其他学生共同解决问题，从而最大限度地激发他们学习的动力。

(三) 通过加强校园文化氛围引导学生的学习和发展

开放教育的学生多以参加远程教育学习为主，他们渴望交流、有丰富的校园生活。学校应主动提供情感交流、兴趣培养和寻求帮助的平台，促进学生之间交流沟通，帮助学生解答疑惑，碰撞思想，传递情感，培养同学友谊，消除学习孤独感，增强学生对开放大学的身份认同感、归属感和凝聚力，营造积极向上的校园文化氛围，促进学生的管理、学习和发展。经常性地开展校区、班级之间各种

[①] 梁丽肖. 教育信息化背景下高校管理机制探究 [M]. 长春：吉林人民出版社，2021.

比赛活动，增进学生之间的友谊，根据不同学生的学习兴趣，有针对性地聘请相关行业的专家学者到学校开展讲座，吸引学生的积极参与和交流。并用各种比赛的形式加强同行的良性竞争，使同学之间互相帮助，共同进步。对学生的学习积极性教师应合理引导，帮助其树立明确的学习目标，使其在学习过程中既有针对性还能自我检测和反馈。

二、坚持以人为本的理念

坚持以人为本是一种重要的理论观点，该观点既在人类思想发展史上具有十分重要的意义，也应该成为当今高校推崇的一种新的办学思想。人是管理的第一要素，所以提高管理效果的关键是提高人的素质，调动人的积极性，促进人的全面发展。坚持以人为本是科学发展观的精髓和核心。

（一）以人为本的管理含义

以人为本的管理模式，将围绕激发学生的能动性、积极性、创造性，在强调学生主体地位的基础上，以人为中心，开展一切管理活动。这种高校学生管理模式的发展是一个不可避免的趋势。以学生个体为核心的管理理念，注重尊重学生作为独立个体的价值和尊严，充分体察学生的个性、兴趣、需求和潜能，给予学生应有的尊重和关怀；以尊重学生作为独立个体的价值和尊严在注重可持续性的同时，积极促进学生全面成长、健康发展。学生管理秉承以人为本的管理理念，即以激发学生活力、为学生提供良好服务为核心。建立以学生为本的高校学生管理思想，为学生创造渐进式的影响，营造良好的服务氛围。高校要不断深化教育改革，改变过去那种以学校为主体、以教育者为核心、以管理为服务的工作思路和工作方式。学生管理以学生为中心，以学生为本，致力于推动大学生德智体美劳全面发展为宗旨，具体地说，就是对学生要了解，对学生要尊重，对学生要服务，对学生要信任。

（二）实现以人为本的管理模式的必然性

以人为本的管理是为了提高管理效率而服务于人的，这种管理模式的精髓之一在于充分尊重被管理者的自由，尊重被管理者的创造才能，从而使被管理者愿意全身心地投入学习和工作中去，或者以最好的精神状态，以满足的心态，直接提高管理效率；另一个精髓在于充分尊重被管理者不是听之任之，就是我们提倡的以情为主、以理为主、以法为主的人性化教育。以人为本的高校学生管理模式抓住了学生管理中最核心的因素——人的管理。与人有关的一系列问题，如人的需求、人的属性、人的心理、人的情感、人的信仰、人的品质、人的价值等，都成为管理者们认真关心的重要问题，这是高校管理学生的出发点，也是根本。

高校的一项基本职能，就是要充分调动大学生在教育培养过程中的主动性、积极性和创造性，为社会发展提供一种基本潜质和条件，使他们具备成为国家栋梁的人才能力，能够激发创造性和自主创新的动力。而高校想要对学生的管理做到这一点，就必须人性化，必须实行以人为本的管理办法。一要转变教育管理理念，树立科学的人才理念。绝不能以一种人才模式限制学生的苛求，限制学生的个性发展。二是学生管理工作者要有放眼未来的广阔眼界，要有不拘一格、以德育人的大胆精神，我们需要将注意力集中到教师整体素养的提升和管理者个人魅力的强化上来。①

(三) 构建以人为本的学生管理模式

1. 加深对学生的本质认识

高校学生管理，无论是计划和任务的确定，还是内容和形式的选择，都源于对学生的认识和把握，源于对学生发展中各种矛盾的深刻洞察。实际上，任何个体都有其自身具体、独特、不可替代的需求。不同个体的需求在整个群体中又都不是孤立存在的，它们之间是相互联系和相互作用的。就高校学生管理而言，学生对自身所处管理环境的感受，对自己在学校中的地位，对学习、恋爱、人际关系、就业等个人发展需要得以满足的程度，都是影响管理效果的重要因素。离开了对这些因素的认识、洞察和把握，高校学生管理就成了无源之水、无本之木。因此，我们只有全面考虑学生的个体情况，重视个人需要在管理中的地位和作用，并把它们看作运动的、变化的，高校学生管理才能有的放矢，提高管理效率，进而达到预期的效果。

2. 营造以人为本的校园文化环境

环境是自然因素和社会因素的总结，是人类生存和成长不可或缺的。校园文化环境特指外在条件，与校园文化的产生、演变有着密切的联系，是由物质环境和心灵环境构成的校园文化环境。校园的物质环境以建造完善的姿态呈现，主要包括建筑布置、室外绿化美化等校园设施，以及整洁、美观、宽敞的室内环境。

---

① 丁兵. 当代高校教育管理研究 [M]. 西安：西北工业大学出版社，2019.

校园文化环境是指以学校传统文化习俗、校风、人情交往、心理氛围、文化修养、活动等为主要内容的校园精神氛围。个人的成长与天赋的培养，是遗传的产物，是教育的产物，也是环境的共同作用。对学校而言，环境对学校的教育工作和师生员工的生活起着至关重要的作用，校园文化环境是影响人才培养和发展的重要因素。通过开展丰富多样、形式多样的学生集体活动，使学生的兴趣、爱好、特长得到很好的培养和充分的发挥，培养了学生崇高的理想，高尚的道德情操。在良好的集体环境中，由于集体风气和优良作风对学生思想品德的形成和弘扬起到了重要的推动作用，从而使学生的不良习惯和意识相对容易克服。

3. 建立以学生为核心的管理模式

在教育管理中，必须保证教育主体的主观能动性得到充分发挥，才能保证学生的主体地位，才能尊重和维护学生自主学习的权利，让他们彰显与众不同的个性魅力。使学生的潜力和发展的潜质得到充分的挖掘。积极实践学生的"自我管理、自我教育、自我约束、自我服务、自我发展"等，不断培养和提高学生独立思考问题、分析问题、解决问题的能力，这不仅是改进学生工作，为学生的自主发展提供更大空间的需要，也是在学生管理工作中的成功经验。实际上学生的"自我管理"，就是一种民主的、开放的、人性化的管理，这种管理更加有利于实现学生成才的目标。

（四）加强以人为本管理

做好学生管理工作，需要多和学生沟通，了解学生，立足于学生所需、学生所想，实实在在地为学生做好服务。在管理方面，教师应该更多地阅读教育学方面的书籍，更好地了解现阶段学生，知道怎样处理出现的问题；同时，身为学生管理工作的老师需要有满腔的工作热情和无私奉献的精神，时时刻刻关心学生，了解学生的需要，这是一名管理者应该具备。然后老师也需要合理的晋升培训机制，也应该更好地鼓励管理工作做得好的老师，只有这样教师才能更有动力做好管理工作。

（五）提高学生管理工作者的素质

以人为本的管理理念体现出管理的自主性、民主性、灵活性和发展性等特征，这对学生管理工作者提出了更高的要求。所谓"教书育人"就是通过"教书"这一手段和过程达到"育人"的目的。高校各门课程都具有育人功能，因而教师也有育人职责。学校道德教育的成效很大程度上是由教师的道德素养所决定的。教师及各类管理人员要从不同的方面对学生的行为产生影响和作用，确立全员育人和全程育人的观念。学生工作者要深刻认识并准确把握经济社会形势和发展趋势，了解这些变化所带来的影响，能够因势利导做好学生的教育引导工作。

三、增强教育服务意识

现代教育以促进人的现代化和主体的全面发展为中心。主体性、发展性是现代教育的本质规定，基于此，现代教育倡导"教育是一种服务"的教育管理理念。它强调教育者以满足受教育者个性发展，为受教育者创造全面发展和主体生成的情境和条件。它概括了当今教育的经营态度和思维方式。在如何开展教育管理和教育活动问题上，相对于传统的教育管理理念，它具有自身的特点。

（一）教育服务理念为改革高校学生管理提供内部驱动力

教育的目的在于对个体的培养、改变与塑造，虽其合理性与教育价值是显著的，但在具体操作实施过程中，一定要把为先进性教育服务的思想树立起来。即激发高校树立责任意识、市场意识、竞争意识，关注社会和受教育者的个性化学习需求，紧跟市场潮流，提升服务水平，积极推进高校自主改革，提升服务质量，强化创效意识。大学对学生管理的变革，最主要的动力来自管理者自身的需求，以及对这种变革的认同感。要求高校学生管理人员树立教育服务管理思想，一方面使管理人员认识到自身与服务的紧密联系，认识到服务与学生的紧密联系，从而期望在尝试改革的同时，形成教育服务思想：对待学生要有另外的态度，尽量以全新的视野来审视；另一方面，也使管理者从根本上认识到传统管理中存在的问题。服务理念首先是把服务对象作为自己一切服务工作的对象和重点，把学生满意度作为衡量管理绩效的重要指标，迫使管理者从客观上反思原有的管理思想，在接受新思想、新方法上下功夫，从而形成一种内在动力去推动他们进行改革。[①]

（二）教育服务理念提出新思路引导高校管理新方式

学生既有共性，也有个性的体现。共性体现的是学生的集体特质，个性则彰显的是个人的独特特质。同一年龄层的学生，由于身世相似，其身心发展遵循着相同的规律，呈现出某种相同或相近的属性与特征，也就是共通性。但是，尽管有这些共同点，个体之间还是存在着遗传因素的差异、家庭背景的差异、社会环

---

① 陈晔. 新时期高校教育管理实践研究［M］. 北京：现代出版社，2019.

境的差异、受教育影响的差异。学生的身心发展无论是在内容上还是在水平上都是千差万别的，学生的性格、兴趣、爱好、智力、能力不完全相同，即具有个别差异，这种个别差异是绝对的，是不以人的意志为转移的。这是学生管理必须面对的事实。

树立高等教育服务理念，不仅能够让我们意识到学生共性和个性的差异，还能够让我们意识到，高等教育服务的生产者是教育工作者，他们通过消耗智力和体力，而生产出适合不同教育对象需求的，具有多方面性能的教育服务，处在生产领域。学生则是高等教育的消费者，处在消费领域。这种理念为高校学生管理实践提出了新的思路。

（三）教育服务理念构建高校管理新型师生关系

传统的教育观念认为：学生是教育的客体，教师是教育的主体。在这种教育理念的影响下，教师与学生之间建立了体现导向与遵循关系的等级制。

在师生教学互动中，学生发挥着重要作用，高校教师应当尊重学生作为教育服务的消费者；同时，学生作为教育服务消费者的意见要求，作为教育服务的提供者，教师必须认真考虑。这就意味着，教师必须从提高服务质量、确保消费者满意的角度出发，转变角色意识，树立服务理念，凡事都要考虑周全，才能量力而行。

对学生而言，认识到接受高等教育是一种投入，不能过分依赖学校和老师，需要培养自主选择、行为担当的独立思想和意识。这种以平等的交友式和相互尊重为特征的新型师生关系，在学生管理中有利于师生间的交流与对话。教师也只有从观念上认识到管理学生就是对学生的一种服务，才可能真心去付出，新型的师生关系才可能建立起来。

1. 激发学生主动意识，强化自控能力

需要在工作中激发学生自我参与管理的热情，促使学生主动参与管理事务，改变学生从属、被动的管理现状，而不是仅仅把学生当成管理工作的客体。帮助学生克服抗拒经营的心理，达到自我经营的目的。以学生工作辅导为基础，以辅导员、学生干部为核心，以学生自律委员会为中心，实行相对的学生管理方式，这既能锻炼学生的能力，同时又达到了管理的目的。

2. 健全学生管理人员选拔模式和培养机制

（1）创新学生管理者的选拔模式

现有的学生管理者选拔制度存在着一定的缺陷，有些学生为了留在学校工作而被选拔出来从事学生管理工作；有的则是通过种种相关部门安排进场。在这样的情况下学生管理者很难保持高的热情，而且管理的水平也不一定高。而新的选拔模式则是面向全社会，招聘各类人才，以完善的选拔机制，使学生管理者的队伍能够进一步扩大，提升管理水平。

（2）完善学生管理者培训机制

学生管理工作是一项灵活多变的工作，需要管理者有丰富的经验和专业知识，所以特别需要对管理团队进行专业的训练。

学生管理工作者要面向专业课教师、学生辅导员、宿管员。学生辅导员、宿管员要注重教育学、心理学、管理学知识的更新和培养，注重突发事件的应急处理能力的培养，让学生管理工作者把"学会管理"与"学会学习"结合起来，从而不断超越自我，让学生管理工作者的能力不断提升，从而培养出一支专业稳定的学生管理队伍。注重专业课教师对学生工作相关知识的了解程度的培训，使他们从被动到主动关心学生的成长，关心学生的工作，从而在各高校树立全员育人的思想。[①]

（3）关注学生管理者的待遇

学生管理工作需要管理者保持极大的耐心和工作热情，管理工作相当烦琐，使得很多管理者不能维持工作的长期性，而管理者的经常变动则影响学生管理工作的开展和完善，因此，提高学生管理工作者的待遇，使其能稳定地从事这一工作是必要的。

第三节 数字化时代高校教育管理模式改革的途径

数字时代来临，高校有必要对教育管理模式做出调整改革。在数字时代，数字化发展模式日渐成熟，可将该技术应用于高校教育管理工作当中，不仅对高校改革创新能起到极大的促进作用，而且还能为教育管理带来新理念。因此，实现学生发展是高校的一个重要任务，高校要构建良好的教育管理环境，加强教学模

---

① 王宝堂.当代高等教育管理与实践路径研究［M］.青岛：中国海洋大学出版社，2018.

式的变革，必须重构人才培养体系，实现自身更快、更好的发展。

一、数字化背景下高校教育管理模式新特征

（一）日常管理信息化

在数字化的推动下，高校教育管理已经从传统的人工模式转变为现代的信息化模式。学校通过建立信息管理系统，实现了教务、科研、人事、财务、后勤等各项管理工作的数字化和自动化。例如，教务管理系统可以自动处理课程选修、考试安排、成绩录入等任务，在规避烦琐的审核机制同时，大大提高了工作效率。

（二）学生学习自主化

互联网技术的运用，使得教学模式由以教师为主导转向以学生为中心。在线学习平台提供了丰富的学习资源和个性化的学习路径，学生可以根据自己的兴趣和需求自主学习；同时，教师可以通过数据分析了解学生的学习情况，进行个性化指导，逐渐弱化教师在整个学习环节中的重要性，真正做到"以学为本，以思为质"。

（三）教师角色的多元化

在传统的教学模式中，教师是知识的传授者，是课堂的主角，但在数字化的背景下，教师的角色已经发生了变化。他们更多地扮演着新的角色，即成为学生学习的引导者和学习过程的辅导者，通过互动和反馈帮助学生开展自主学习，通过差异化教学来激发不同学生的学习激情，实现课堂与学生的有效互动。

（四）教育评价的灵活化

数字化为教育评价工作开辟了更快更准的路径，及时准确的数据综合统计功能为教师反思和调整教育教学活动提供了新的抓手。传统的评估方式主要依赖于期末考试和作业成绩。在数字化背景下，教师可以通过学生在线学习平台的活动数据，了解他们的学习进度和理解程度，做出更为全面和精准的评价，对不合理的课程设计做出迅速反应和调整。

二、数字化背景下高校教育管理模式的创新

"数字化＋高校教育管理"不是单纯刻板地将计算机技术与教育管理体系捆

绑在一起，而是将网络信息技术渗透于教育管理的不同环节，追求两者创新发展，促进管理者与被管理者之间的沟通，拓宽信息反馈的途径，提升信息反馈的速度，使管理更加人性化、民主化，从而实现双方共赢。

(一) 理念创新

树立以"学生为本"的理念。从党的十八大提出"把立德树人作为教育的根本任务"，再到党的十九大强调"落实立德树人根本任务"，立德树人的重要地位不断凸显。"怎样培养人"是新时代给广大教育工作者提出的新课题，为此，应将网络与立德树人工作有机结合，利用数字技术和新时代教育理念，打造健康向上的网络生态环境，变"灌输"为"滋养"。

(二) 发挥学生的主动性

大学生的自我管理，包括大学生对自身的生理、行为等方面的自我认识、自我感受、自我料理、自主学习、自我监督、自我控制、自我完善。

大学生首先需要了解自我。了解自我最重要的就是找到自己的长处，这是大学生首先要做的事情。了解自我长处也许要用整个大学的时光，但越早发现对将来的发展越有利。发现长处不能靠闭门苦想，而要通过实践检验并实施反馈分析。

在明确了自己的长处之后，接下来就是目标的管理。做"正确的事"比"正确地做事"更重要，目标就是"做正确的事"。它包括以下几个方面：

(1) 设立目标，让生活有明确的方向

不想当将军的士兵不是好士兵，作为一名大学生，首先要志向远大，目标明确。设立目标，要把握三个要点：一是你的目标一定要结合你的优点，围绕你的长处来构思。你所设立的目标，要能强化你的长处，专注于你的长处，把潜在的优势转化为现实的优势。二是目标必须具体，不能含糊其词，任何人都不可能去实现一个模糊的目标。比如，你打算考某个资格证，打算毕业时考研，并且打算毕业后找一份什么样的工作等，在做这些规划之前，一定要把资格证的名称、考研的专业、职业的性质确定下来。三是目标要适中，既不能眼高手低，也不能自卑自贱。虽古人云："取法乎上，仅得其中；取法乎中，仅得其下。"但我们设立的目标如果超过自己的知识、能力水平，那么目标就会成为空中楼阁。

(2) 要分解目标，让你随时充满紧迫感

目标可区分为长期目标、中期目标、短期目标三类。长期目标要瞄准未来，要把眼光放到毕业后的人生当中；中期目标是当你设定了长期目标后，将它分为两半的目标。短期目标是你应该最为关注的目标，其一般不要超过90天，这样能取得更好的效果。通过这样分解，你就可以把有限的精力放到当前的目标中去，全力以赴。

（3）自我管理的重要内容——学会做事和与人相处

自我管理最终是要去服务社会，融入他人，而不是一味地管理"自我"。所以自我管理很重要的作用和意义是在于它的社会性——学会做事和与人相处。学生经过了大学教育，最终是要进入社会的，所以在大学教育中，在学生自我管理的内容中，重视社会性素质能力的提高是十分关键的。做事，除了做好事外，还要提高工作效率，以最佳的方式完成。做人，除了做好人外，还要做个成长快、成功快，受人欢迎和敬佩的人。

（4）学生自我管理在高校管理工作中的重要作用

第一，能够有效地提高大学生的主动性，增强解决实际困难的能力。自我管理是以大学生为主的管理模式，大学生扮演着管理者和被管理者的双重身份，学生主动参与管理，又接受来自自己的管理，充分体现了学生的主体性。

第二，有利于塑造大学生独立性品质，增强社会责任感。自我管理实质上是学生的自我约束。在高校规章制度的监督下，增强学生的自我控制能力和独立感，加强学生的主观能动性，使学生在学习生活中，对自己负责，对他人负责，对社会负责。[①]

第三，能够帮助学生认识自我，发展自我。自我管理是一种软性的管理，学生在学校制度的约束下，能够充分了解自己的真正需要，在进行自我教育的过程中，有效地弥补自身的不足，实现自我发展。

第四，有助于丰富学生的校园生活，增强学生的实践能力。学生如果自我管理，更能积极地去开展校园活动，丰富文化生活，增强交际能力，社会实践能力也会有所加强。

三、教育管理者需要努力的方向

（一）提高自身的综合素质

随着我国高等教育的逐步普及以及与国际接轨，各高校面临着激烈的竞争，

---

① 丁喜旺. 高等教育管理与制度文化［M］. 长春：吉林出版集团股份有限公司，2022.

高校管理者也面临着新的任务和挑战。高校教育管理者除要承担教师应尽的责任之外，还因其管理者的身份，承担更多特殊责任，这就要求教育管理者必须全面提升自身的综合素质。

1. 高校教育管理者的责任体现——促进高校教育发展和推动大学生成长成才

管理能力的提高是一个学习和训练的过程，过去的知识和能力固然重要，但并不等于说我们就可以用过去的知识和能力应对现在和未来，要用发展的眼光培养自我的责任意识。要注重高校学生管理方法的研究，增强自身科研素质，明确管理的目的，为管理素质的提高奠定基础。高校管理者素质的提升是培养创新人才的保障。

2. 高校教育管理者的素质优化——全方位、多角度相结合

高校教育管理者在工作中除了集思广益、博采众长之外，还应具备管理、规划、发展、远景展望的能力，工作不能停留在表面上，必须有计划，有总结，这样才能保证执行的效果，执行过程中绝不能随遇而安，要打破因循守旧的观念，树立大胆创新的观念，自觉运用创新思维，完成高校的目标，这就必须培养自我管理能力与社会责任感。

(二) 注重知识更新，加强责任引导

高校教育管理者要在意识到自己责任的同时，把它升华为一种自觉的内心信念，形成强烈的社会责任感。要把高校教育管理者所具备的政治素质、业务能力等作为能力管理的主要内容，根据高校教育管理者的具体情况和需求，有针对性地对其加强培训。发挥好高校教育管理者的主观能动性和创造性，使他们善于运用科学理性的思维去分析问题、解决问题，充分发挥高校教育管理者自身的优势，鼓励自我，勇于创新。

(三) 注重能力管理，增强责任意识

高校教育管理者要培养健康心理素质，锻炼坚强的品质并增强抗挫折能力。高校教育管理者在管理工作中常遇到不顺心的事情，会感到委屈、郁闷，这种心情会在很大程度上影响工作的效率和准确度，甚至使其面临的情况愈加困窘，情绪状态会对工作效率和精确度造成重要的影响，甚至可能会使情况变得更加艰难，所以提高心理素质是必须的。高校教育管理人员必须具备坚定的敬业精神。如果每个高校的学生管理人员都能经常检视自己的所作所为，勇于克服懒惰和私心，那么高校的学生管理水平才会水涨船高。

(四) 变革教育管理传统思想

在数字化背景下,高校教育管理工作迎来新环境、新挑战,在开展高校教育管理工作过程中,需转变传统的认知思维和思想理念,明确高校教育管理模式变革与创新发展的新方向。一方面,树立以生为本的教育管理思想,彰显学生的主体性地位,促进高校学生的健康全面发展。数字时代"以学生为本"是高校教育管理的核心内涵,要注重将大学生作为教育管理工作的切入点,有效激发大学生的主体意识,积极引导学生塑造主体人格、发展主体能力,使大学生自觉接受教育管理,树立正确"三观",在自我教育与管理中实现全面发展的目标。同时,高校教育管理工作者应尊重大学生个体差异,强调大学生的个性化发展。由于当代大学生认知、心理、性格、价值取向均存在差异,教师要尊重学生的主体意愿和个性特点,遵循具体问题具体分析的基本原则,在培养学生道德品质、法治观念的过程中,避免遏制学生的自我发展。另一方面,顺应数字技术发展趋势,构建新型教育管理工作思想。随着各类新媒体、新技术的强力介入,高校教育管理工作迎来新手段、新方法,要求教育管理工作者利用互联网平台,为学生打造个性化、多样化教育管理模式,并借助大数据分析技术,了解学生的学习、生活与思想动态,开展针对性教育和引导。对此,高校教育管理工作者应转变传统管理思想,树立数字化教育管理思维,积极运用数字技术开展各项工作,提升教育管理的时效性和有效性。

四、构建教育管理新模式

在数字信息化背景下,不仅要转变传统高校教育管理思想理念,更要注重革新教育管理模式,构建"数字+教育"管理的新模式,充分发挥网络信息技术的优势,实现教育管理模式的信息化建设与改革,为学生打造信息化的课堂教学模式,突破以往教学中时间与空间的局限性,为广大师生交流探讨提供高效平台,利用高校教育管理工作,为教师和学生提供优质的教学与管理服务。

首先,推动高校教育教学过程与教学方法信息化。基于数字背景下高校开展教育教学工作和教师准备的各项学习资料,应广泛从互联网平台整合资源,为学生提供高质量的学习素材,引导学生利用课前及课余时间积极主动展开自主学习与实践。突破教材与课堂教学内容的局限性,为高校学生打造开放性的网络信息课堂,拓宽学生获取知识的途径,实现师生之间双向沟通交流与互动。教师可以通过网络平台实时为学生提供针对性指导，充分发挥数字信息为高校教育教学提供的便利条件，这也是提升高校教育管理工作效率的有效途径。

其次，推动高校教育管理及科研工作信息化建设和发展，突破传统教育管理模式的局限，利用数字技术实现教育管理的实时监督与评价，增强教育管理工作成效评价的客观性与公正性，及时发现教学中存在的问题与不足，提升高校教育管理质量。

最后，提升管理者专业化水平。管理者作为高校教育管理工作的实施主体，是贯彻落实党的思想政治工作的关键。中共中央、国务院印发的《关于加强和改进新形势下高校思想政治工作的意见》明确提出，高校思想政治工作队伍和党务工作队伍，既要有教师身份，又要有管理人员身份；既要有行政管理人员身份，又要有建立以专职为主、专兼结合、数量充足、质量过硬为特点的工作力量，确保高校人才队伍建设计划的有效实施。数字背景下，对高校教育管理工作者的综合素质与能力提出了更高的要求，需不断提高其专业化教育管理水平，具备数字化思维与媒体信息素养。具体方式如下：

其一，积极利用网络平台与学生进行沟通和互动。教育管理人员可以通过高校课程教学网站分享自主学习资源，引导学生随时随地展开碎片化学习。同时，针对学员发布的内容，利用微信、QQ等社交媒体平台，针对学员的思想动态变化，加强与学员的课下交流与沟通，实现与学员的多维度互动，并及时纠正引导，避免学员思想发展走偏。此外，教育管理人员应积极主动地与学生沟通、交流，这样才能建立起一种可以相互信任的情感关系。了解学生在学习、生活、情感与人际交往方面的问题，为学生提供合理的建议和方案，利用双方之间的情感交流，提高教育管理工作者的师德水平与专业素养。

其二，加大网络信息技术运用培训力度，在运用新技术、新方法上提高教育管理人员的技能。数字化背景下高校教育管理模式的变革与创新，需要教育管理者善用，才能真正做到学以致用。

五、加大网络教育管理投入力度

数字时代的到来，要求高校开展教育管理工作的过程中，运用新理念、新技术、新方法和新模式。对此，各高校要继续加大对教育管理工作的投入力度，重点推进软硬件基础设施建设，推进高校教育管理基础设施现代化、信息化建设，在转变传统教育管理方式的过程中，为各类设备设施的购置、专业培训、后期维护等提供充足的经费保障。此外，各高校还应加强网络技术专业人才建设，提高高校教育管理人员的网络信息技术应用水平，特别是各高校在创新高校传统教育管理模式、提高教育管理效率和质量之前，要掌握各类软件系统的使用方法，特别是要加强对各类软件系统的使用。定期组织开展引导广大教育管理人员积极参与的软件系统应用专题培训。

综上所述，在数字化背景下，高校应与时俱进，不断突破传统教育管理模式的局限性，利用先进的信息技术手段，构建适应时代发展与学生需求的新型教育管理模式。对此，应重新审视当前教育管理模式存在的弊端，结合数字信息的特点，转变传统的教育管理思想理念，加强高校核心竞争力，推动教育事业良性发展。

参考文献

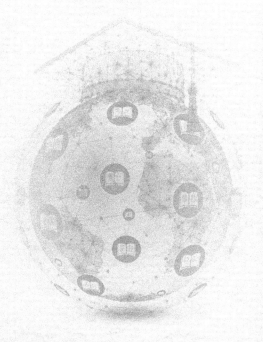

一、专著

[1] 陈丽. 数字化校园与 E-Learning：信息时代大学的必然选择［M］. 北京：北京师范大学出版社，2007.

[2] 卢保娣. 大数据时代高校教育管理及其信息化建设［M］. 长春：吉林大学出版社，2021.

[3] 李晓雯. 高校教育管理的理论探索与探究［M］. 长春：吉林人民出版社，2021.

[4] 洪剑锋，屈先蓉，杨芳. 互联网时代下高校教育管理与评价创新［M］. 延吉：延边大学出版社，2021.

[5] 刘思延，张潍纤，郑莹. 高校教育教学管理实践与创新发展［M］. 哈尔滨：哈尔滨出版社，2021.

[6] 郭晓雯. 高校教育教学管理创新发展研究［M］. 北京：北京工业大学出版社，2019.

[7] 孙连京. 高校教学管理理论与实践［M］. 南昌：江西高校出版社，2019.

[8] 刘鑫军，孙亚东. 互联网时代高校教育管理模式改革与实践研究［M］. 长春：吉林人民出版社，2021.

[9] 奉中华，张巍，仲心. 大学生教育管理的创新与实践研究［M］. 长春：吉林人民出版社，2021.

[10] 黎海楠，余封亮. 高校学生管理与和谐校园［M］. 长春：吉林出版集团股份有限公司，2021.

[11] 王炳堃. 高校大学生管理教育与校园文化建设［M］. 长春：吉林出版集团股份有限公司，2021.

[12] 冉启兰. 教育管理理念与思维创新［M］. 长春：吉林出版集团股份有限公司，2020.

[13] 姚丹，孙洪波. 高校教育信息化管理与学生管理工作［M］. 北京：中国纺织出版社，2021.

[14] 倪萍，闫红，张玉洋. 信息化视角与学生教育管理研究［M］. 长春：吉林出版集团股份有限公司，2022.

[15] 阮艳花，张春艳，于朝阳. 教育管理理念与思维创新［M］. 汕头：汕

头大学出版社，2019.

[16] 单林波. 高校教育管理体系构建研究[M]. 北京：首都师范大学出版社，2022.

[17] 罗永仕，罗智鸣. 党建引领社会工作服务模式探索[M]. 北京：中国财富出版社，2022.

[18] 邹东升，陈思诗. 新时代党建引领基层社会治理[M]. 北京：中国民主法制出版社，2021.

[19] 毛静，刘勇. 高校党建：新时代高校院系党组织党建育人的探索与创新[M]. 北京：中央编译出版社，2021.

[20] 杨永明，冯丽丽. 党建引领下的思想政治教育研究[M]. 成都：四川大学出版社，2019.

[21] 梁丽肖. 教育信息化背景下高校管理机制探究[M]. 长春：吉林人民出版社，2021.

[22] 丁兵. 当代高校教育管理研究[M]. 西安：西北工业大学出版社，2018.

[23] 陈晔. 新时期高校教育管理实践研究[M]. 北京：现代出版社，2020.

[24] 王宝堂. 当代高等教育管理与实践路径研究[M]. 青岛：中国海洋大学出版社，2018.

[25] 丁喜旺. 高等教育管理与制度文化[M]. 长春：吉林出版集团股份有限公司，2021.

二、论文

[1] 薛辰兵. 高校数字化校园系统构建研究[D]. 成都：电子科技大学，2013.

[2] 赵国栋. 数字化校园：理想与现实[J]. 北京大学教育评论，2007(1)：81-90，190.

[3] 周晓东. 高职院校数字化校园体系的构建研究：以常州工程职业技术学院为例[D]. 南京：南京林业大学，2012.

[4] 蒋家添，席素珍. 数字化校园建设的实践与探讨[J]. 赣南师范学院学报，2004，25(6)：55-57.

[5] 苏顺开. 数字化校园的创建理念[J]. 中山大学学报（自然科学版），

2002,41：4-6.

[6] 曹丽娟．郑州市高等院校学生管理数字化问题研究：以 A、B 高校为例［D］．开封：河南大学，2019.

[7] 李清岩，向菲．数字技术在高校学生管理中的应用［J］．互联网周刊，2023（11）：91-93.

[8] 傅丽娟．信息技术在高校招生就业管理中的应用［J］．科学咨询（教育科研），2020（2）：41.

[9] 徐明慧．数字化时代互联网技术在财务管理中的应用研究［J］．营销界，2023（14）：35-37.

[10] 林生星．浅谈数字化时代的互联网技术在财务管理中的应用发展［J］．营销界，2023（21）：5-7.

[11] 翁学锋．Z 县税务系统数字人事管理优化对策研究［D］．昆明：云南财经大学，2021.

[12] 郑东锋．信息时代数字化图书馆管理模式创新的几点思考［J］．数字与缩微影像，2019（3）：25-27.

[13] 王晶．基于数字化技术的现代图书管理研究［J］．湖北开放职业学院学报，2021，34（18）：98-99.

[14] 颜隆忠，李黄骏．数字党建：数字化时代党建工作新方式［J］．福建师范大学学报（哲学社会科学版），2023（6）：11-17.

[15] 刘宝昕，张续．数字化浪潮下的党建数字化思考与探索［C］．中国电力企业管理创新实践，2022.

[16] 周萍，吴冰冰．"互联网＋"背景下高校教育管理模式的变革与创新［J］．黑龙江教师发展学院学报，2023，42（6）：24-26.

[17] 李祯海．"互联网＋"背景下高校教育管理模式的变革与创新［J］．黑龙江教师发展学院学报，2023，42（4）：12-15.